40 anos da
Lei do Divórcio

O ATENDIMENTO AO
PRINCÍPIO DA LIBERDADE E
DA AUTONOMIA DA VONTADE

LIGIA BERTAGGIA DE ALMEIDA COSTA

40 anos da
Lei do Divórcio

O ATENDIMENTO AO
PRINCÍPIO DA LIBERDADE E
DA AUTONOMIA DA VONTADE

©2018 Editora Manole Ltda. por meio de contrato de coedição com a autora.

Minha Editora é um selo editorial Manole Conteúdo.

EDITORA GESTORA: Sônia Midori Fujiyoshi
EDITORA: Cristiana Gonzaga S. Corrêa
COORDENAÇÃO E PRODUÇÃO EDITORIAL: Visão Editorial
PROJETO GRÁFICO E DIAGRAMAÇÃO: Visão Editorial
CAPA: Sopros Design
IMAGEM DA CAPA: Shutterstock

CIP-BRASIL. CATALOGAÇÃO NA PUBLICAÇÃO
SINDICATO NACIONAL DOS EDITORES DE LIVROS, RJ

C873q

    Costa, Ligia Bertaggia de Almeida
       40 anos da lei do divórcio : o atendimento ao princípio da liberdade e da autonomia da vontade / Ligia Bertaggia de Almeida Costa. – 1. ed. – Barueri [SP] : Manole, 2018.
       152 p. : il. ; 23 cm.
       Inclui bibliografia
       ISBN 978-85-204-5720-7

       1. Divórcio – Legislação – Brasil – História. 2. Separação (Direito). 3. Direito civil – Brasil. I. Título.

18-49220   CDU: 347.627.2(81)

Meri Gleice Rodrigues de Souza - Bibliotecária CRB-7/6439

Todos os direitos reservados.
Nenhuma parte deste livro poderá ser reproduzida, por
qualquer processo, sem a permissão expressa dos editores.
É proibida a reprodução por xerox.
A Editora Manole é filiada à ABDR – Associação Brasileira de Direitos Reprográficos.

1ª edição – 2018

Editora Manole Ltda.
Avenida Ceci, 672 – Tamboré
06460-120 – Barueri – SP – Brasil
Tel.: (11) 4196-6000
www.manole.com.br | info@manole.com.br
Impresso no Brasil | *Printed in Brazil*

São de responsabilidade da autora as informações contidas nesta obra.

À minha família, em especial aos meus
queridos pais, Edna e Jairo,
aos meus queridos Guilherme e Erika,
e ao meu amado André,
que sempre me apoiaram;
aos meus dois gatos Dudu e Nino,
que estiveram ao meu lado (literalmente)
durante a produção desta obra;
e aos meus amigos Denise e Lucas,
que estão envolvidos e colaboram
diariamente nos meus estudos jurídicos.
Agradeço a todos de coração.

PREFÁCIO

Até a década de 1970, com a sociedade brasileira vivendo sob uma grande influência religiosa e estatal, o casamento era considerado indissolúvel, ou seja, quem casava permanecia com um vínculo jurídico para o resto da vida com seu cônjuge. Caso a convivência se tornasse insuportável, havia a possibilidade de desquite, que, embora interrompesse os deveres conjugais e autorizasse a separação do casal, não permitia ruptura do matrimônio por completo nem abria a possibilidade de um novo casamento.

Após 1977, o divórcio foi implantado no Brasil e a legislação passou a regulamentar o fim das sociedades conjugais ao longo dos anos. Com o passar do tempo e com as mudanças sociais, legais, jurisprudenciais e doutrinárias, o divórcio consolidou-se como a saída mais sadia para quando não há expectativas de reconciliação da vida em comum no casamento. Por muitos anos, estiveram em pauta a questão da culpa e a existência do lapso temporal entre a separação e a concretização do divórcio.

O objetivo deste livro é fazer uma análise do divórcio no Brasil. Serão sintetizadas as principais mudanças ocorridas durante os quarenta anos desde sua instituição, com base na perspectiva do atendimento do princípio da liberdade e da autonomia da vontade. Tais mudanças permitiram que, atualmente, o divórcio seja respeitado e obtido com mais celeridade e menos discussões acerca dos motivos pelos quais o casamento chegou ao fim.

SUMÁRIO

INTRODUÇÃO   14

CAPÍTULO I – DO CASAMENTO   20

CONSIDERAÇÕES INTRODUTÓRIAS SOBRE O CASAMENTO   21

DA NATUREZA JURÍDICA   30

DAS FINALIDADES   31

DOS DIREITOS E DEVERES   33

CAPÍTULO II – DA EXTINÇÃO DO VÍNCULO CONJUGAL PELO DIVÓRCIO   38

DAS FORMAS DE EXTINÇÃO DO VÍNCULO CONJUGAL   39

DO CONCEITO DE DIVÓRCIO   42

DO HISTÓRICO E DA INSTITUIÇÃO DO DIVÓRCIO NO BRASIL   43

DAS PRINCIPAIS DISPOSIÇÕES LEGAIS AO LONGO DOS ÚLTIMOS QUARENTA ANOS   45

CAPÍTULO III – DA SEPARAÇÃO E DAS MODALIDADES DO DIVÓRCIO   76

DA SEPARAÇÃO DE FATO E SEPARAÇÃO DE CORPOS   77

DO FIM DO INSTITUTO DA SEPARAÇÃO JUDICIAL   80

DO DIVÓRCIO POR MÚTUO CONSENTIMENTO EXTRAJUDICIAL   85

DO DIVÓRCIO CONSENSUAL JUDICIAL   89

DO DIVÓRCIO CONTENCIOSO JUDICIAL   94

CAPÍTULO IV – DA RELEVÂNCIA DA CULPA E DO TEMPO PARA O DIVÓRCIO   98

DA CULPA PELO FIM DO CASAMENTO   100

DO LAPSO TEMPORAL DA SEPARAÇÃO PARA O DIVÓRCIO   107

DA DESVALORIZAÇÃO DA CULPA E DO TEMPO PARA O DIVÓRCIO   110

DA REPARAÇÃO DE DANOS MORAIS E MATERIAIS NO CASAMENTO E NO DIVÓRCIO   113

CAPÍTULO V – DO DIREITO AO DIVÓRCIO   120

DA VALORIZAÇÃO DO AFETO   123

DO PRINCÍPIO DA LIBERDADE E DA AUTONOMIA DA VONTADE   125

DO PRINCÍPIO DA DIGNIDADE HUMANA   127

CONSIDERAÇÕES FINAIS   130

REFERÊNCIAS E BIBLIOGRAFIA   136

REFERÊNCIAS   137

DOCUMENTOS JURÍDICOS   142

BIBLIOGRAFIA CONSULTADA   150

INTRODUÇÃO

A família é um dos núcleos mais importantes da sociedade. É nela que as pessoas inicialmente vivenciam o amor, alegrias, conquistas e, ao mesmo tempo, angústias, frustrações, medo, etc.

No passado não tão distante, a família era um núcleo social de caráter econômico, baseado em interesses familiares, como casamentos arranjados, manutenção do patrimônio em um mesmo núcleo familiar, etc. e cujo objetivo final era a procriação. Esse núcleo era respeitado, reconhecido, legitimado e tutelado legalmente apenas quando oriundo do casamento. Portanto, por muito tempo, a ordem jurídica brasileira marginalizou qualquer outro tipo de arranjo familiar que não fosse decorrente do casamento legitimado pelo Estado e pela Igreja Católica. No dizer de Fustel de Coulanges, "a religião foi a norma constitutiva da família antiga".[1]

A visão paternalista da época ditava que o homem era o chefe da sociedade conjugal, preterindo-se os outros membros da família e sua dignidade. Claramente havia uma tentativa de estabilizar a todo custo o único formato de família admitido: as Constituições brasileiras anteriores a 1988 estabeleciam, em suma, que a família era constituída pelo casamento. E nada além disso.

Como será visto adiante, o divórcio foi introduzido no Brasil em 1977 e, com isso, surgiu a possibilidade de modificação do conceito de família, que, com o passar do tempo, deixou de ser considerado apenas o relacionamento resultante do casamento.

A Constituição de 1988 quebrou paradigmas no tocante ao casamento, pois ampliou o conceito de família a partir do momento que passou a reconhecer diferentes estruturas familiares, como as chefiadas por apenas uma pessoa (homem ou mulher) e as decorrentes da socioafetividade, valorizando, assim, o afeto e o amor como principais geradores do vínculo familiar.

A família, na acepção atual, abrange não apenas as pessoas ligadas biologicamente, mas também aquelas ligadas por afeto, adoção e afinidade.

Atualmente, na maioria dos casos, a afetividade é a base da constituição, da formação e da manutenção de uma família,

---

[1] COULANGES, 1975.

que é vista como um núcleo que permite a realização plena de seus integrantes, seja ele formado por qualquer tipo de arranjo de pessoas. Portanto, considera-se a família um dos meios para a busca da felicidade de cada indivíduo que dela faz parte, pelo qual podem se desenvolver com liberdade e autonomia da vontade, em respeito, sobretudo, ao princípio da dignidade humana.

Já se foi o tempo em que as pessoas se preocupavam com o que pensariam a seu respeito caso não encontrassem a felicidade em um primeiro casamento. Já se foi o tempo em que se mantinha um casamento infeliz por necessidade de "respeitar" os ditames sociais, religiosos e legais. Já se foi o tempo em que se entendia que o divórcio significava a destruição total da família.

As novas ideias e a vontade de grande parte da sociedade de reconstruir a vida foram ouvidas e instrumentalizadas, permitindo que novas relações, após um primeiro casamento frustrado, sejam formadas na construção de outros arranjos familiares, inclusive com a possibilidade de núcleos familiares monoparentais, uniões estáveis ou segundos, terceiros, quartos ou quantos casamentos forem necessários para o encontro da felicidade, se assim se desejarem.

Os entraves e a burocracia para a obtenção do divórcio, em vez de manterem o casamento como objetivavam, prejudicavam as famílias.

Atualmente, embora existam ainda vários aspectos a serem discutidos e aprimorados no mundo jurídico, muitas questões foram superadas na busca da felicidade do relacionamento familiar e conjugal, permitindo fazer valer mais a vontade das pessoas do que os ditames sociais.

Os cinco capítulos desta obra discorrerão sobre a entidade do casamento e a história do divórcio no Brasil, tratando das alterações sociais e legais nos últimos quarenta anos e demonstrando como os institutos foram se modificando ao longo do tempo, desde sua instituição polêmica, em 1977, até a facilitação de sua obtenção nos dias de hoje, possibilitando a reconstrução das pessoas e de suas famílias, valorizando o afeto, a liberdade, a autonomia da vontade e a dignidade da pessoa humana.

CAPÍTULO I
DO CASAMENTO

CONSIDERAÇÕES INTRODUTÓRIAS SOBRE O CASAMENTO

Desde os tempos da monarquia no Brasil, o que imperava era o conservadorismo e o caráter sagrado do casamento, já que a Igreja Católica possuía grande influência sobre o assunto em razão da titularidade absoluta dos direitos sobre a instituição.

A Igreja visava e pregava a manutenção eterna do casamento, que sofreu fortes influências das ordenações Afonsinas, Manuelinas e Filipinas, e todo o conteúdo criado pelo Concílio de Trento (entre os anos 1545 e 1563) era repassado incontestavelmente.[1]

---

[1] JUNQUEIRA e CARVALHO, 2014.

Na época do Império, a Constituição de 1824 não estabelecia claramente sobre casamento, mas, em razão do vínculo entre Estado e Igreja, acredita-se que apenas o matrimônio católico era reconhecido.[2]

Até 1889, existia somente o casamento católico/religioso no Brasil, mas, nos países protestantes, como bem pontuava Pontes de Miranda, havia a possibilidade de um único tipo de celebração para toda a população. "Em verdade, nos países protestantes, a introdução do casamento civil obrigatório foi vitória da social-democracia, no sentido de tornar de interesse privado dos indivíduos a concepção religiosa do casamento".[3]

Na República, o Decreto n. 119-A, de 07 de janeiro de 1890, oficializou a separação formal do Estado e da Igreja, e o Decreto n. 181, de 24 de janeiro de 1890, atribuído a Rui Barbosa, implantou o casamento civil no Brasil, permitindo o acesso dos não católicos ao matrimônio, ou seja, todos os cidadãos, independentemente de credo, poderiam se casar, contrariando os religiosos.

O §4º do artigo 72 da Constituição de 1891 estabeleceu que "a República só reconhece o casamento civil, cuja celebração será

---

[2] Constituição Imperial, 1824, art. 5º: "A Religião Catholica Apostólica Romana continuará a ser a Religião do Império. Todas as outras Religiões serão permitidas com seu culto doméstico, ou particular em casas para isso destinadas, sem fórma alguma exterior do Tempo".

[3] MIRANDA, 1947. p.90-1.

gratuita". Contudo, a questão sagrada foi praticamente absorvida pela legislação, posto que a indissolubilidade da instituição foi incorporada em todas as Constituições Federais brasileiras.

De todo modo, a população manteve a tradição do casamento religioso, gerando um novo costume: a dualidade dos atos, ou seja, a realização do casamento tanto no religioso quanto no civil. No entanto, muitos casais resistiam às mudanças e insistiam em realizar apenas a cerimônia religiosa, ficando à margem da lei.

O Código Civil de 1916, claramente influenciado pela Igreja, considerava o casamento civil a única forma legal de constituir família,[4] inclusive se referindo a ela como família legítima.

Nessa linha de pensamento, segundo Pontes de Miranda, o casamento era tido como "regulamentação social do instinto de reprodução", e a família poderia "originar-se de quaisquer uniões sexuais, mas nem sempre os oriundos de relações não legais constituirão uma família na acepção jurídica, isto é, grupo de parentes entre os quais existam relações de direito".[5]

Nas palavras do referido jurista, o casamento representava a proteção à família, conceituando-o, em linhas gerais, como um contrato solene entre duas pessoas capazes e de sexos diferentes,

---

[4] Código Civil, 1916, art. 229: "Criando a família legítima, o casamento legitima os filhos comuns, antes dele nascidos ou concebidos (arts. 352 a 354)".

[5] MIRANDA, 1947. p.81.

que legalizava, para toda a vida, as relações sexuais e a escolha entre os regimes de bens previstos na legislação, deixando clara a indissolubilidade do vínculo.

No posicionamento do referido Código Civil de 1916, no casamento ou fora dele, o homem era considerado superior à mulher. A mulher era vista como incapaz, dependente economicamente e submissa ao consentimento do marido para validação de seus atos. O homem era o chefe da sociedade conjugal, ou seja, o chefe da família.

A Revolução Industrial de 1930 deu início a uma mudança cujos efeitos foram sentidos ao longo dos anos na sociedade, principalmente entre 1930 e 1940. No Brasil, o governo de Getúlio Vargas, que teve início em 1930, incentivou o desenvolvimento do setor industrial nacional e, em virtude disso, a mulher deixou de se dedicar somente aos afazeres domésticos para ir trabalhar nas fábricas, dando os primeiros passos para modificar seu papel na sociedade e no casamento.

A Constituição de 1934 manteve a indissolubilidade do vínculo matrimonial (artigo 144),[6] mas atribuiu efeitos civis ao casamento religioso,[7] decisão que foi regulada posteriormente

---

[6] Constituição Brasileira, 1934, art. 144: "A família, constituída pelo casamento indissolúvel, está sob a proteção especial do Estado".

[7] Constituição Brasileira, 1934, art. 146: "O casamento será civil e gratuita a sua celebração. O casamento perante ministro de qualquer confissão

pelas Leis n. 1.110/1950 e n. 6.015/1973, relativas aos registros públicos nesse sentido.

Ainda não era aceita outra forma de manifestação familiar senão aquela oriunda do casamento, assim como não era permitido um segundo casamento. Todavia, como previsto no Código Civil de 1916, existia o desquite como forma de pôr fim à sociedade conjugal.

Por meio do desquite, as pessoas se separavam, interrompendo os deveres conjugais, e realizavam a partilha dos bens do casal, porém, como não havia o rompimento do vínculo matrimonial, não existia a possibilidade de um novo casamento.

A vedação à quebra do vínculo matrimonial foi repetida nas Constituições Brasileiras de 1937 (artigo 124),[8] de 1946 (artigo

---

religiosa, cujo rito não contrarie a ordem pública ou os bons costumes, produzirá, todavia, os mesmos efeitos que o casamento civil, desde que, perante a autoridade civil, na habilitação dos nubentes, na verificação dos impedimentos e no processo da oposição sejam observadas as disposições da lei civil e seja ele inscrito no Registro Civil. O registro será gratuito e obrigatório. A lei estabelecerá penalidades para a transgressão dos preceitos legais atinentes à celebração do casamento".

[8] Constituição Brasileira, 1937, art. 124: "A família, constituída pelo casamento indissolúvel, está sob a proteção especial do Estado. Às famílias numerosas serão atribuídas compensações na proporção dos seus encargos".

163)⁹ e de 1967 (artigo 167, §1º),¹⁰ que expressamente dispunham sobre a indissolubilidade.

No casamento, era evidente a supremacia do homem. As referidas Constituições de 1937 e 1946 não contemplavam os direitos das mulheres, assim como não previam a igualdade jurídica de ambos os sexos.

No entanto, a sociedade passava por um processo de modificação em razão da forte introdução da mulher no mercado de trabalho, principalmente nas atividades das fábricas em geral, o que alterou seu papel na sociedade conjugal. Surgiu, assim, o Estatuto da Mulher Casada – Lei n. 4.121, de 27 de agosto de 1962 –, que modificou os direitos civis atinentes e representou uma grande conquista para as mulheres.

O referido estatuto foi incorporado pelo Código Civil de 1916, vigente à época, revogando a incapacidade relativa da mulher e corrigindo alguns absurdos intoleráveis – dentre os quais, citam-se a perda da capacidade plena de trabalhar após se casar, requerendo a autorização do marido para exercer alguma

---

⁹ Constituição Brasileira, 1946, art. 163: "A família é constituída pelo casamento de vínculo indissolúvel e terá direito à proteção especial do Estado".

¹⁰ Constituição Brasileira, 1967, art. 167: "A família é constituída pelo casamento e terá direito à proteção dos Poderes Públicos. §1º – O casamento é indissolúvel".

profissão, e o não reconhecimento dos filhos concebidos fora do casamento.

Com efeito, em 1967, influenciada pela Declaração Universal dos Direitos do Homem (proclamada em dezembro de 1948),[11] a Constituição brasileira passou a fixar a igualdade jurídica para todas as pessoas perante a lei, sem distinção de sexo.

Ao longo dos anos, as transformações sociais continuaram acarretando modificações quanto ao instituto matrimonial, porém, apesar de tudo, o casamento ainda não podia ser rompido por falta de afeto, até porque esse não era o elemento crucial para sua constituição.

Como observa Sílvio de Salvo Venosa, "por muito tempo na história, inclusive durante a Idade Média, nas classes mais nobres, o casamento esteve longe de qualquer conotação afetiva. A instituição do casamento sagrado era um dogma da religião doméstica".[12]

Por outro lado, como bem apontou Pontes de Miranda, o casamento "varia, como todas as instituições sociais, com os povos e com os tempos".[13] E ele tem razão.

Diante de tamanha transformação socioeconômica vivenciada no Brasil, os anos da década de 1970 foram muitos marcantes,

---

[11] ONU, 1948.

[12] VENOSA, 2003. p.19.

[13] MIRANDA, 1947. p.81.

principalmente por estar presente um espírito de liberdade que provocou mudanças em muitos valores estruturais.

Dentre as mudanças ocorridas na sociedade, o casamento foi o que sentiu um dos maiores impactos. Ideias mais liberais começaram a surgir e, com isso, o papel da mulher na sociedade foi ganhando espaço (mesmo que ainda pequeno), alterando a concepção da soberania masculina no casamento. Portanto, as relações familiares começaram a dispor de novas acepções, embora o casamento ainda fosse uma instituição muito forte.

Como será visto adiante, o divórcio foi instituído e regulamentado no Brasil em 1977, passando a valer a partir de 01 de janeiro de 1978. Com isso, cessou o impedimento para um novo casamento.

Pouco mais de uma década após a instituição do divórcio no Brasil, a Constituição Federal de 1988 reafirmou que a família era constituída pelo casamento, expressando, sobretudo, que era a base da sociedade e que tinha especial proteção do Estado. No entanto, ao abrir o conceito sobre o que é família, a Constituição de 1988 não deu muito foco ao casamento em si, mas, sim, à família, admitindo, claramente, que o casamento não era sua única forma de constituição.

Segundo Rodrigo da Cunha Pereira, "o casamento foi, é e continua sendo uma forma paradigmática de constituir famílias.

Não significa que seja melhor ou superior às outras, embora até a Constituição de 1988 assim era considerado".[14]

A Constituição de 1988 sedimentou o que a evolução da sociedade já vinha reconhecendo: novos valores, uniões de fato e novas acepções do conceito de família, representando uma quebra de paradigmas.

Nos últimos anos, o instituto do casamento evoluiu muito e passou a incluir a união homoafetiva, desde que o Supremo Tribunal Federal (STF), quando do julgamento da Ação Direta de Inconstitucionalidade (ADI) n. 4.277 e da Arguição de Descumprimento de Preceito Fundamental (ADPF) n. 132, em 2011, assegurou às uniões homoafetivas os mesmos direitos e deveres da união estável, passando a existir a possibilidade de sua conversão em casamento. Além disso, a Resolução do Conselho Nacional de Justiça (CNJ) n. 175, de 14 de maio de 2013, possibilitou a realização do casamento civil entre pessoas do mesmo sexo. Isso demonstra o reconhecimento do direito de pessoas do mesmo sexo firmarem um casamento entre si.

Com a possibilidade do divórcio, as mudanças comportamentais e legislativas aqui sintetizadas viabilizaram a permissão para a realização de outros casamentos, e as múltiplas organizações de família passaram a ser mais aceitas pela sociedade,

---

[14] PEREIRA, 2015. p.140.

dando abertura para que os indivíduos dessas formações tivessem suas vontades e sua liberdade respeitadas, com base no princípio da dignidade humana.

Atualmente, não é mais necessário manter um casamento por motivos religiosos ou pelo que representa sua instituição, pois passou-se a privilegiar a satisfação pessoal.

Posto isso, para que se possa entender melhor a questão do divórcio, é preciso antes conhecer um pouco sobre casamento.

DA NATUREZA JURÍDICA

Segundo Sílvio de Salvo Venosa, "o casamento é considerado o ato mais solene do direito brasileiro".[15] Ainda assim, há divergências na doutrina a respeito da natureza jurídica do casamento. Existem três tipos de concepção: a clássica (individualista ou contratualista), que o considera um contrato, cuja validade e eficácia decorrem da vontade das partes; a institucionalista, para a qual o casamento é uma instituição social constituída por regras do Estado; e a eclética, que o entende como um ato complexo (com razão), considerando-o, ao mesmo tempo, contrato e instituição.

Muitos questionamentos persistem a respeito do casamento na tentativa de classificá-lo como um instituto de direito público ou de direito privado. Por um lado, poderia ser encarado

---

[15] VENOSA, 2014. p.41.

como um instituto de direito privado, posto que as pessoas são livres para casar e que há um impulso afetivo para tanto. Por outro, poderia ser também considerado de direito público, já que há interesse do Estado na sua constituição, por considerá-lo uma das possibilidades de formação da família – que é a célula-mãe da sociedade –, bem como pelo fato de haver imposição legal quanto às suas formas e efeitos.

Nos dizeres de Maria Berenice Dias, "o casamento é um negócio jurídico bilateral que não está afeito à teoria dos atos jurídicos. É regido pelo direito das famílias".[16]

Seguindo a mesma linha de pensamento da doutrinadora, está claro que o consentimento (baseado na autonomia da vontade e na liberdade de agir) e o desenvolvimento afetivo são geradores do desejo de constituir uma família pelo casamento dentro dos ditames legais, com a comunhão de vidas em busca da realização pessoal e da felicidade de cada um de seus integrantes.

DAS FINALIDADES

De acordo com Carlos Roberto Gonçalves, o casamento possui inúmeras finalidades,[17] dependendo do prisma sob o qual é observado. As principais perspectivas sob as quais ele pode ser examinado são: social, jurídica e religiosa.

---

[16] DIAS, 2016. p.154-5.

[17] GONÇALVES, 2010. p.45.

Na visão religiosa (católica), o casamento tem como finalidade a procriação e a educação dos filhos, bem como a mútua assistência e a satisfação sexual do casal, e sucede do amor entre um homem e uma mulher.

Para muitos, o amor é o fator mais importante do matrimônio. Porém, a primeira finalidade do casamento do ponto de vista social é a intenção das partes de terem uma vida compartilhada. O ideal é que seja motivado pelo amor e pelo afeto especial, mas a verdade é que isso não basta e, lamentavelmente, muitas vezes pode nem haver.

O amor manifesta-se na afeição, no sentimento de solidariedade, na cumplicidade, no desejo sexual mútuo, no companheirismo, nos projetos comuns de vida, nas satisfações pessoais e nas afinidades.

Do ponto de vista jurídico, indubitavelmente, com base no artigo 1.511 do Código Civil de 2002,[18] a principal finalidade do casamento é a comunhão de vidas, baseada na igualdade de direitos e deveres dos cônjuges, sendo que a procriação, a educação dos filhos, a satisfação sexual, entre outros fatores, são objetivos secundários, ainda que não menos importantes.

---

[18] Código Civil, 2002, art. 1.511: "O casamento estabelece comunhão plena de vida, com base na igualdade de direitos e deveres dos cônjuges".

DOS DIREITOS E DEVERES

No casamento, conforme dispõe o artigo 1.565 do Código Civil de 2002, os cônjuges assumem mutuamente a condição de consortes, companheiros e responsáveis pelos encargos da família, devendo exercê-los de forma igual e em conjunto.

Nessa toada, nascem, automaticamente, os direitos e os deveres. O artigo 1.566 do Código Civil de 2002 prevê que, enquanto durar a sociedade conjugal, perduram: (I) a fidelidade recíproca; (II) a vida em comum no domicílio conjugal; (III) a mútua assistência; (IV) o sustento, a guarda e a educação dos filhos; (V) o respeito e a consideração mútuos.

Assim, a liberdade sexual das partes fica restrita à monogamia; a coabitação pode ou não existir, preservando-se a vida em comum (já que, atualmente, muitos casais efetivamente casados, sexualmente ativos, optam por morar em casas separadas, e o fato de não viverem no mesmo domicílio não quer dizer absolutamente nada, a não ser o respeito à autonomia da vontade de cada um, e não invalida o casamento em si); os cuidados devem ser mútuos em todos os momentos bons e adversidades da vida, seja entre os cônjuges ou do casal em relação aos filhos; e a preservação da dignidade da pessoa humana deve sempre imperar.

Antigamente, a infração do dever de fidelidade constituía o adultério, que era considerado, até o ano de 2005,[19] um ilícito penal, civil e uma das causas da separação judicial (artigo 1.573, I).[20]

Ao mesmo passo, a infração tanto do dever de coabitação (embora, atualmente, não seja um dever rígido, em especial quando não for acordada por opção e livre vontade do casal) como do dever de assistência, respeito e consideração mútuos constitui injúria grave, podendo ser passível de indenização por dano moral e separação judicial (artigo 1.573, III);[21] havendo abandono do lar (artigo 1.573, IV),[22] pode-se ensejar o usucapião familiar.[23]

---

[19] A Lei n. 11.106/2005 revogou o art. 240 do Código Penal que previa o crime de adultério.

[20] Código Civil, 2002, art. 1.573: "Podem caracterizar a impossibilidade da comunhão de vida a ocorrência de algum dos seguintes motivos: I – adultério".

[21] Código Civil, 2002, art. 1.573: "(...) III – sevícia ou injúria grave".

[22] Código Civil, 2002, art. 1.573: "(...) IV – abandono voluntário do lar conjugal, durante um ano contínuo".

[23] O usucapião familiar foi inserido no Código Civil, 2002, precisamente no art. 1.240-A, por meio da Lei n. 12.424/2011. Essa inclusão criou a possibilidade de um cônjuge usucapir do outro e pleitear o domínio integral do bem imóvel que compartilhavam.

Também do casamento decorrem certos poderes, tal como o de dirigir a sociedade conjugal. Como previsto no artigo 1.567 do Código Civil de 2002, a direção deverá ser exercida, por colaboração, por ambos os cônjuges (e não mais somente pelo homem, como ditava o Código Civil de 1916, em que ele era tido como o chefe da família), sempre no interesse do casal e dos filhos, procurando o bem-estar de todos os envolvidos. O mesmo acontece com o poder doméstico.

Além disso, os cônjuges possuem o dever de contribuir proporcionalmente, conforme seus recursos financeiros, para o sustento da família.

Além de deveres, o casal também possui direitos, como escolher pela adoção do sobrenome do cônjuge ou pela conservação do nome de solteiro, se assim desejarem. Todavia, embora a prática seja outra, é vedado o abandono do sobrenome próprio, sendo autorizado o acréscimo do sobrenome da família do cônjuge.

Assim, os direitos e deveres são os efeitos pessoais do casamento, como preleciona Maria Helena Diniz,[24] que os sintetiza, com base no Código Civil de 2002 e na legislação em vigor, em:
- exercer a direção da sociedade conjugal;
- representar legalmente a família;
- fixar o domicílio da família;

---

[24] DINIZ, 2012. p.168-9.

- proteger o consorte na sua integridade física ou moral;
- colaborar com os encargos;
- velar pela direção moral e material da família;
- dirigir a comunidade doméstica;
- adotar, se assim desejar, os apelidos do consorte;
- direito de se opor à fixação ou à mudança do domicílio determinada por uma das partes;
- direito de exercer livremente qualquer profissão lucrativa;
- praticar qualquer ato não vedado por lei;
- litigar em juízo cível ou comercial, salvo se a causa versar sobre direitos reais imobiliários;
- contratar advogado;
- promover a declaração de ausência do seu consorte;
- reconhecer filho;
- requerer e praticar atos relativos à tutela ou à curatela;
- aceitar mandato (tanto direito como dever);
- aceitar ou repudiar herança ou legado;
- pleitear seus direitos na Justiça Trabalhista;
- requerer alistamento na Justiça Eleitoral;
- exercer o direito de defesa na Justiça Criminal sem anuência do cônjuge;
- não perder sua nacionalidade em caso de matrimônio com estrangeiro;
- ter aplicada a lei brasileira na ordem da vocação hereditária, em caso de estrangeiro que se case com brasileiro;

- não pode se casar novamente aquela que teve casamento anulado ou a viúva antes de decorridos dez meses de viuvez, salvo se, antes do término desse prazo, der à luz um filho (referindo, nesse caso, apenas ao sexo feminino);
- não pode casar-se viúvo enquanto não fizer o inventário dos bens do casal e distribuir a partilha que cabe aos filhos;
- não pode convolar novas núpcias antes do divórcio;
- poder de decisão sobre o planejamento familiar;
- sustentar, guardar e educar os filhos;
- poder familiar;
- em caso de divórcio consensual judicial, deliberarem, ambos os pais, a respeito da convivência e da guarda dos filhos; e, não havendo acordo, incorre no direito de demandar judicialmente e no dever de evitar alienação parental;
- o genitor que contrai novas núpcias não pode perder o direito ao poder familiar quanto aos filhos menores do leito anterior.

Com efeito, da mesma forma como acontece no casamento, direitos e deveres também nascem com o divórcio, e é sobre isso que tratarão os próximos capítulos.

CAPÍTULO II
DA EXTINÇÃO DO VÍNCULO CONJUGAL PELO DIVÓRCIO

DAS FORMAS DE EXTINÇÃO DO VÍNCULO CONJUGAL

Vínculo vem do latim *vinculum* e significa laço. De acordo com o *Dicionário Aurélio*,[1] é aquilo que liga ou estabelece uma relação, impõe obrigação, liga moralmente. Portanto, vínculo conjugal, relativo ao casamento, significa compromisso matrimonial.

Nos dizeres de Rodrigo da Cunha Pereira, vínculo matrimonial ou conjugal "é a relação em que há conjugalidade".[2]

De acordo com o artigo 1.571 do Código Civil vigente, vínculo conjugal inicia-se com o casamento e extingue-se por meio

---

[1] FERREIRA, 2010. Verbetes: vínculo; conjugal.
[2] PEREIRA, 2015. p.716.

de três modalidades: a invalidade do casamento, a morte de um dos cônjuges e o divórcio.[3]

Importante dizer que há diferença entre a extinção (dissolução) do vínculo conjugal ou matrimonial e o término da sociedade conjugal. Conforme artigo mencionado,[4] a sociedade conjugal terminará: com a extinção do vínculo pela morte de um dos cônjuges; pela nulidade ou anulação do casamento; ou pelo divórcio.

A hipótese da separação judicial, prevista no do Código Civil, artigo 1.571, inciso III, não pode ser interpretada como extinção do vínculo, mas, sim, como término da sociedade conjugal, como será visto adiante, em capítulo próprio.

Uma das modalidades de extinção do vínculo conjugal é a invalidade do casamento, que, em linhas gerais e sem muito

---

[3] Código Civil, 2002, art. 1.571: "A sociedade conjugal termina: I – pela morte de um dos cônjuges; II – pela nulidade ou anulação do casamento; III – pela separação judicial; IV – pelo divórcio. §1º – O casamento válido só se dissolve pela morte de um dos cônjuges ou pelo divórcio, aplicando-se a presunção estabelecida neste Código quanto ao ausente. §2º – Dissolvido o casamento pelo divórcio direto ou por conversão, o cônjuge poderá manter o nome de casado; salvo, no segundo caso, dispondo em contrário a sentença de separação judicial".

[4] Código Civil, 2002, art. 6º: "A existência da pessoa natural termina com a morte; presume-se esta, quanto aos ausentes, nos casos em que a lei autoriza a abertura de sucessão definitiva".

aprofundamento, pode-se dizer que ocorre quando estão presentes defeito ou impedimento (consulte os artigos 1.521 a 1.524 e 1.548 do Código Civil, para mais detalhes sobre defeito ou impedimento).

Vale dizer que, diante de uma situação dessas, não há divórcio, mas, sim, uma medida de reconhecimento de invalidade para que seja dissolvido o vínculo conjugal. Nesse caso, é feita a extinção do vínculo desde o início, retornando, os envolvidos, ao estado civil de solteiro.

A morte, como é de se esperar, representa a extinção da própria personalidade jurídica,[ver N.R.4] desfazendo, obviamente, o vínculo matrimonial que a pessoa pudesse ter em vida. Em razão disso, operam-se os efeitos sucessórios, e o estado civil do cônjuge do falecido passa a ser de viúvo. Da mesma forma, existem também as hipóteses de morte presumida, previstas no Código Civil em vigor,[5] nas quais também ocorre a dissolução do vínculo matrimonial, ou seja, declarado o óbito e aberta a

---

[5] Código Civil, 2002, art. 7º: "Pode ser declarada a morte presumida, sem decretação de ausência: I – se for extremamente provável a morte de quem estava em perigo de vida; II – se alguém, desaparecido em campanha ou feito prisioneiro, não for encontrado até dois anos após o término da guerra. Parágrafo único: A declaração da morte presumida, nesses casos, somente poderá ser requerida depois de esgotadas as buscas e averiguações, devendo a sentença fixar a data provável do falecimento".

sucessão patrimonial definitiva, é possível determinar a dissolução do respectivo casamento.

O divórcio é a forma pela qual se extingue o vínculo conjugal pelo exercício da autonomia da vontade, conforme dispõem Pablo Stolze Gagliano e Rodolfo Pamplona Filho,[6] assunto que será tratado mais detalhadamente a seguir.

DO CONCEITO DE DIVÓRCIO

Segundo Edgard de Moura Bittencourt, a expressão "divórcio" (ressalte-se, a expressão) sempre foi acolhida pelo nosso direito como a dissolução absoluta do casamento, com a extinção do vínculo, não obstante a Emenda Constitucional n. 9 e a Lei n. 6.515/1977 de sua introdução e regulamentação tenham ocorrido no Brasil apenas em 1977.[7]

O Código Civil de 2002, vigente atualmente, limitou-se, como visto anteriormente, a estabelecer que o divórcio é uma das formas de término da sociedade conjugal com a extinção do vínculo criado pelo casamento válido.

Pode-se ainda dizer que, como pontua Rodrigo da Cunha Pereira, "divorcia-se, às vezes, por necessidade (violência,

---

[6] GAGLIANO e PAMPLONA FILHO, 2017. p.523.

[7] BITTENCOURT, 1987. p.55.

incompatibilidades) ou simplesmente por desejo".[8] Entretanto, independentemente da existência de consenso pelas partes envolvidas, nem sempre foi tão simples assim.

Conceituar o divórcio pode até ser tarefa fácil, mas vivê-lo certamente não é, nunca foi e nunca será. No entanto, a evolução histórica que será abordada a seguir demonstrará que, diferentemente do que já foi um dia, o divórcio não mais significa o fim da família, mas, sim, o início de uma nova etapa da vida.

DO HISTÓRICO E DA INSTITUIÇÃO DO DIVÓRCIO NO BRASIL

Já foi visto aqui que, antigamente, a ideia de família estava unicamente ligada ao casamento, cujo rompimento significava o fim da família. O casamento era sagrado, fruto de uma sociedade conservadora e fortemente influenciada pela Igreja.

A sociedade conjugal era constituída com visos de perenidade, como consórcio para toda a vida,[9] pois, como dito, a Igreja visava à manutenção eterna do casamento, o que permitiu que Estado absorvesse o conceito de eternidade do vínculo. O divórcio, portanto, era abominável.

---

[8] PEREIRA, 2015. p.246.
[9] FRANÇA, 1977. p.1.

A evolução da sociedade e da visão da família acabou forçando sucessivas modificações de entendimentos sociais, legais, jurisprudenciais e doutrinário sobre o divórcio no Brasil, dando-lhe forças e outras conotações que não religiosas.

A Constituição Brasileira de 1934 estabelecia claramente que o casamento era indissolúvel, norma que permaneceu nas Constituições de 1937, 1946 e 1967. Dessa forma, quem se casava naquela época permanecia casado até o final da vida. No entanto, caso ocorresse a insuportabilidade da vida em comum, havia a possibilidade de desquite.

Como dito anteriormente, desquite era o término da sociedade conjugal, implicando a separação de corpos, o fim da convivência e a partilha de bens. Entretanto, por mais que houvesse a possibilidade da separação com o desquite, não havia o fim do vínculo criado pelo casamento.

Havia, portanto, um conservadorismo injustificável, pois, com o desquite, a pessoa já não era mais casada, mas não podia se casar novamente. Isso perdurou até 1977, quando, por meio da Emenda Constitucional n. 9, o divórcio foi instaurado no Brasil, de modo a permitir a dissolubilidade do casamento.

A partir de então, iniciou-se um longo caminho até se chegar ao divórcio como é conhecido hoje.

DAS PRINCIPAIS DISPOSIÇÕES LEGAIS AO LONGO DOS ÚLTIMOS QUARENTA ANOS

Pablo Stolze Gagliano e Rodolfo Pamplona Filho resumem muito bem as principais fases da evolução histórica do divórcio nos últimos quarenta anos, quais sejam:[10]

- Até quase o final da década de 1970 ainda não havia divórcio no Brasil e, portanto, o casamento era indissolúvel, figurando apenas o desquite – que impossibilitava a formação de novos matrimônios e gerava famílias à margem da lei, altamente rejeitadas pela sociedade;
- Em 1977, o divórcio foi introduzido no país mediante o requisito prévio e imprescindível da separação judicial, como será visto a seguir;
- A partir da Constituição Federal de 1988, que será abordada em tópico próprio, houve a ampliação da possibilidade de divórcio, que passou a ocorrer tanto pela conversão da separação judicial quanto pelo divórcio direto;
- Após a Emenda Constitucional n. 66, de 2010, o divórcio consagrou-se no Brasil como um direito mais eficaz e menos burocrático em respeito ao princípio da dignidade humana, atendendo aos anseios da sociedade e com base na liberdade e na autonomia da vontade.

---

[10] GAGLIANO e PAMPLONA FILHO, 2017. p.530.

Da Emenda Constitucional n. 9/1977 – da criação da figura do divórcio no Brasil

Em 1977, quando o Brasil vivia o Regime Militar (1964-1985),[11] o presidente em exercício era o gaúcho Ernesto Geisel.

A crise mundial do petróleo afetou o país, disparando o endividamento do Estado, a inflação e o custo de vida dos brasileiros, que ficaram impactados por mais de vinte anos após esse período.

O Código Civil de 1916, que incorporou as concepções do sistema religioso predominante de quando foi concebido (século XIX), vigorava até então e não citava o divórcio no artigo 315,[12] que previa as hipóteses de término da sociedade conjugal. Ou seja, a hipótese de extinção voluntária do vínculo gerado pelo casamento era inexistente.

Naquela época, a prioridade era a manutenção da família, que estava diretamente ligada ao casamento, cujo rompimento era muito recriminado e malvisto pela sociedade conservadora, em razão dos valores sagrados que imperavam.

---

[11] CANCIAN, 2008.

[12] Código Civil, 1916, art. 315: "A sociedade conjugal termina: I – pela morte de um dos cônjuges; II – pela nulidade ou anulação do casamento; III – pelo desquite, amigável ou judicial".

Nos dizeres de Cahali,[13] com o golpe de 1964 e a implantação da ditadura militar, fora editada a Emenda Constitucional n. 08, que reduziu o quórum constitucional a que se referia o artigo 48 da Constituição então em vigor para a "maioria absoluta dos votos do total de membros do Congresso Nacional", viabilizando a reforma divorcista ocorrida mais à frente, em 1977.

Até o ano de 1977, conforme previsão da Constituição Federal de 1967 e do Código Civil de 1916, vigentes à época, o instituto do casamento era indissolúvel. Ou seja, quem se casava uma vez permanecia com o vínculo pela vida toda, pois, até então, não existia a possibilidade de divórcio no Brasil. Havia apenas a figura do desquite, caso a relação conjugal se tornasse inviável, admitido nas hipóteses previstas no artigo 317 do referido Código[14] ou por mútuo consentimento, conforme artigo 318.[15]

Apesar de existir o desquite, que autorizava a interrupção dos deveres conjugais, o término da sociedade conjugal, a

---

[13] CAHALI, 2011. p.58, 65.

[14] Código Civil, 1916, art. 317: "Ação de desquite só se pode fundar em algum dos seguintes motivos: I – adultério; II – tentativa de morte; III – sevícia ou injúria grave; IV – abandono do lar conjugal, durante dois anos contínuos".

[15] Código Civil, 1916, art. 318: "Dar-se-á também o desquite por mútuo consentimento dos cônjuges, se forem casados por mais de dois anos, manifestado perante o juiz e devidamente homologado".

cessação da convivência sob o mesmo teto e a partilha dos bens do casal, nenhum dos cônjuges poderia recomeçar sua vida ao lado de outra pessoa com a proteção jurídica do casamento. Não havia essa possibilidade. Com isso, os vínculos formados após o desquite não eram reconhecidos, sofriam preconceitos e eram chamados, pejorativamente, de concubinato.

Em razão disso, muitos começaram a acionar o Poder Judiciário para conseguir dirimir os conflitos decorrentes dessas novas uniões, exigindo seu reconhecimento e a garantia de direitos.

Apesar de se tratar de um assunto polêmico e gerador de muitas posições divergentes, ainda mais se considerada a questão religiosa, o clamor da sociedade à época era pela possibilidade do divórcio no Brasil. E o clamor era grande.

As pesquisas realizadas pela autora deste livro exprimem que a discussão acerca do divórcio ocorreu em meio a um conflito de posicionamento por questões religiosas, sociais, morais e de interesses políticos.

De acordo com o jornal *O Globo*,[16] os debates entre conservadores (a maioria deles religiosos, chamados de "antidivorcistas") e apoiadores do tema ("divorcistas") no Congresso Nacional estenderam-se por meses antes da aprovação da lei em junho de 1977.

---

[16] PAINS, 2015.

Como apurado à época,[17] a indissolubilidade do casamento era defendida pela Conferência Nacional de Bispos do Brasil (CNBB) e pela organização Tradição, Família e Propriedade (TFP). Por outro lado, os políticos, que estavam tão divididos quanto a população, mostravam-se favoráveis ao divórcio dependendo da região de origem de seus eleitores.

Mesmo dividindo a opinião pública, o então senador Nelson Carneiro foi consagrado ao apresentar, em abril de 1977, um projeto de lei prevendo a possibilidade do divórcio – projeto este que, mais tarde, foi proposto junto com o senador Accioly Filho, e, então, virou a Emenda Constitucional n. 9. Mais interessante ainda é ressaltar que Nelson Carneiro que já havia tomado o divórcio como bandeira política em 1951.[ver N.R.17]

Nesse contexto, a matéria especial sobre o divórcio publicada em 2015 no jornal *O Globo* expôs:[ver N.R.16]

> Em abril daquele ano [1977 – *grifo nosso*], o então senador Nelson Carneiro (MDB-RJ) apresentou um projeto de lei que previa a possibilidade de divórcio para os casais que já estivessem separados por, no mínimo, três anos. "O divórcio não é um problema político, nem partidário, e nem religioso. É apenas um problema social (...) que, finalmente, encontrará a solução parlamentar", ressaltou o senador em uma reportagem do *O Globo* de 21 de abril de 1977. (...)

---

[17] *O Globo*, 2013.

O presidente nacional da Ordem do Advogados do Brasil (OAB), Marcus Vinicius Furtado Coelho, destaca o intenso diálogo travado entre Estado, sociedade civil e Igreja. "A lei manteve a exigência do intervalo temporal entre a separação [que deveria ser de três anos] e o divórcio como uma concessão feita à Igreja para conquistar, finalmente, a possibilidade jurídica da dissolução matrimonial", explica Coelho.

Na mesma linha, na própria proposta de Emenda Constitucional n. 9/1977, destaca-se o exame feito pelo senador Accioly Filho, em conferência pronunciada na Faculdade de Direito de Curitiba, em 1975, a respeito do divórcio:[18]

> A estabilidade do casamento e, assim, da família não está a depender da indissolubilidade do vínculo. Ela depende da própria estabilidade emocional e da educação dos cônjuges, que devem estar preparados para o casamento. É claro que, nos termos de nossa legislação projetada, não serão possíveis exageros verificados em alguns Estados na nação norte-americana, nem o exemplo de artistas prolifera nas classes afastadas da vida exótica que eles levam. O divórcio depende da lei que o regula e o padrão moral de vida que os cônjuges adotam. Se estes tendem para o amor livre, para

---

[18] ACCIOLY FILHO, 1975.

a promiscuidade, para o excêntrico, não é o divórcio que os leva a isso, mas o seu próprio temperamento e caráter.

Também vale destacar, outros trechos (valiosos, por sinal) constantes da própria proposta de Emenda Constitucional n. 9, que determinavam o ritmo do que viria a se tornar a conquista do divórcio:[19]

> A IGREJA CATÓLICA E O DIVÓRCIO
>
> A luta da Igreja Católica contra o divórcio é velha, constante e universal, e, por isso mesmo, digna de respeito. Outra, pois, não poderia ser sua posição, entre nós. Mas, apesar da resistência, países notoriamente católicos, entre outros França, Bélgica, Peru, Itália, Portugal, Venezuela, México, Uruguai, incluíram em sua legislação civil o divórcio. E é na Espanha que cresce agora o movimento em favor da instituição.
>
> A votação da presente Emenda, todavia, não é uma questão religiosa, nem política, nem partidária. Se a aprovação depende do voto de senadores e deputados dos dois Partidos nacionais, também não se constitui um divisor de águas entre católicos e não-católicos. Aplausos merece o Padre Hilário Mazzarollo, responsável pelo setor de leigos

---

[19] BRASIL, EC n. 9/1977. p.255-6.

da CNBB, ao lembrar que "o problema do divórcio não é da Igreja, mas do Estado, uma instituição civil e não religiosa". (*Jornal do Brasil*, em 09/02/1975).

O casamento civil, vigente em nosso País desde os fins do século passado, e que o sempre lembrado Monsenhor Arruda Câmara dizia que "veio perturbar o velho ritmo do casamento religioso registrado que dominou durante tantos anos" (Preservação da Família e das Instituições, p.135), não é sacramento, não foi instituído por Jesus Cristo, nem tem a testemunhá-lo em representante da Igreja. Ademais, somos um País onde Estado e Igreja são constitucionalmente separados, e onde a liberdade de consciência se inscreve entre os direitos fundamentais da pessoa humana. A Emenda não impõe, não obriga, não determina o divórcio; apenas o possibilita para os que dele necessitam e a ele queiram recorrer. Compreendemos e respeitamos a posição assumida pelos antidivorcistas, mas, legisladores civis, nos debruçamos sobre a realidade conjugal brasileira, e vimos em socorro dos que, há tanto tempo, clamam por compreensão e humanidade. Razão não falta ao nosso ilustre colega, Padre Nobre, ao afirmar: "O divórcio virá e será melhor que a Igreja não deixe chegar, sem que tenha sido sua a iniciativa" (*Zero Hora*, 30/01/1975). Nem ao antigo Prior do Mosteiro de São Bento, na Bahia, Dom Jerônimo de Sá Cavalcanti, quando assinalava que "a posição da Igreja, em termos tradicionais, é o de encarar o problema da indissolubilidade do matrimônio apenas do ângulo formal intrínseco, sem perceber que a questão essencial é a do amor. Não tem sentido um casal viver junto quando não mais se entende ou manter os vínculos apenas por uma imposição formal da Igreja". Há quase um século se trava no Brasil uma batalha, que agora se encerra, para que as bênçãos da lei inundem tantos lares destroçados pela incompreensão, pelo ódio, pelo desamor.

UMA PRECE EM CADA LAR

Ao concluir a justificação do Projeto de Lei n. 3.099, de 18 de maio de 1953, acentuávamos que aquela era, talvez, a última oportunidade para elaboração de uma lei estudada e cautelosa, possibilitando aos grilhetas do vínculo indissolúvel, libertos do pesadelo de um mau casamento, uma segunda união legal. Amanhã, talvez seja tarde demais. Como diria Jemolo, não se compreendem determinadas defesas a todo custo, quando a expediência demonstra que certas intransigências do legislador "não conduzem, em realidade, à resignação dos condenados à vida em comum e à recomposição de famílias sãs.

Assim, com essa proposta, a Emenda Constitucional n. 9/1977 foi aprovada por 219 votos a favor e 161 contra na Câmara dos

Deputados e 32 votos favoráveis contra 24 no Senado Federal. Pelo regimento da época, foi necessária uma segunda votação, realizada em 23 de junho de 1977 na Câmara dos Deputados, cujo resultado de 226 votos a favor e 159 contra assegurou, como fruto de uma reforma esperada, corajosa e vitoriosa, a instituição da figura do divórcio no Brasil, ao modificar o §1º do artigo 175 da Constituição Federal de 1967,[20] estabelecendo que o casamento poderia ser dissolvido, nos casos expressos em lei, na condição de haver separação judicial prévia de três anos ou anterior separação de fato com duração de cinco anos.

Com isso, substituiu-se o desquite pela separação, e o divórcio passou a significar a ruptura integral do casamento, possibilitando que os divorciados contraíssem novas núpcias.

O Projeto de Lei foi promulgado como Emenda Constitucional em junho de 1977, e seis meses depois, a Lei n. 6.515, de 26 de dezembro de 1977, regulamentou o divórcio.

---

[20] BRASIL, EC n. 9/1977: "Art. 1º: O §1º do art. 175 da Constituição Federal passa a vigorar com a seguinte redação: §1º – O casamento somente poderá ser dissolvido nos casos expressos em lei, desde que haja prévia separação judicial por mais de três anos. Art. 2º: A separação, de que trata o §1º do art. 175 da Constituição, poderá ser de fato devidamente comprovada em juízo, e pelo prazo de cinco anos, se for anterior à data desta Emenda".

Lei n. 6.515/1977 – da regulação dos casos de dissolução da sociedade conjugal e do casamento

Como visto, apesar da resistência dos conservadores, a referida Emenda Constitucional n. 9, de 28 de junho de 1977, conseguiu acabar com a indissolubilidade do casamento, permitindo o divórcio, cuja lei específica foi rapidamente aprovada na Câmara dos Deputados e no Senado Federal, bem como sancionada, em 26 de dezembro do mesmo ano, pelo então presidente Ernesto Geisel, consagrando, assim, o senador Nelson Carneiro.

A referida lei, conhecida como Lei do Divórcio, foi criada para regulamentar os casos de dissolução da sociedade conjugal (divórcio e separação judicial), do casamento (tratando de assuntos como guarda de filhos, isonomia na filiação e uso do nome) e respectivos processos, possibilitando, em sua redação original, um único novo casamento (artigo 38),[21] o que veio a ser revogado posteriormente.

A Lei do Divórcio revogou alguns dispositivos do Código Civil de 1916, com quem conviveu até a entrada do Código Civil de 2002.

---

[21] Lei n. 6.515/1977, art. 38: "O pedido de divórcio, em qualquer dos seus casos, somente poderá ser formulado uma vez".

Com essa lei, o desquite foi substituído pela separação judicial, conforme disposição constante de seu artigo 39.[22] Diferente do desquite, a separação passou a ser um pré-requisito para a realização do divórcio, chamado, por isso, de divórcio indireto ou divórcio por conversão. Além disso, a separação deveria respeitar o prazo de três anos, conforme texto constitucional vigente a partir da Emenda Constitucional n. 9/1977.

O referido triênio era contado a partir da data da decisão proferida no processo de separação judicial ou de desquite ou, então, de decisão que tinha concedido medida cautelar correspondente.[23]

Além disso, o divórcio direto era reservado, excepcionalmente, aos casais que estivessem separados de fato há mais de cinco anos, desde que essa separação tivesse sido iniciada antes da Emenda e que fosse comprovada a causa da separação.[24]

---

[22] Lei n. 6.515/1977, art. 39: "No capítulo III do Título II do Livro IV do Código de Processo Civil, as expressões 'desquite por mútuo consentimento', 'desquite' e 'desquite litigioso' são substituídas por 'separação consensual' e 'separação judicial'".

[23] FRANÇA, 1977. p.7.

[24] Lei n. 6.515/1977, art. 40: "No caso de separação de fato, com início anterior a 28 de junho de 1977, e desde que completados 5 (cinco) anos, poderá ser promovida ação de divórcio, na qual se deverão provar o decurso do tempo da separação e a sua causa".

Contudo, como pontuam Pablo Stolze Gagliano e Rodolfo Pamplona Filho,[25] o instituto ainda não estava incorporado culturalmente à sociedade brasileira. Além disso, os requisitos exigidos para a realização do divórcio não eram simples, segundo o que dispunha o artigo 40 da Lei do Divórcio.

Com a lei, ficaram mais explícitos os efeitos oriundos da separação, como o fim da coabitação, da fidelidade recíproca e do regime de bens.[26]

Segundo Regina Beatriz Tavares da Silva, "nessa regulamentação a legislação ordinária considerou a natureza conversiva do divórcio, regulando as espécies dissolutórias, culposas e não culposas, somente na separação judicial".[27]

Além disso, a lei tinha clara a disposição a respeito da postura do juiz,[28] que era promover todos os meios para que as partes se reconciliassem ou transigissem. Ou seja, a lei entendia

---

[25] GAGLIANO e PAMPLONA FILHO, 2017. p.537.

[26] Lei n. 6.515/1977, art. 3º: "A separação judicial põe termo aos deveres de coabitação, fidelidade recíproca e ao regime matrimonial de bens, como se o casamento fosse dissolvido".

[27] SILVA, 2012. p.1.

[28] Lei n. 6.515/1977, art. 3º: "(...) §2º – O juiz deverá promover todos os meios para que as partes se reconciliem ou transijam, ouvindo pessoal e separadamente cada uma delas e, a seguir, reunindo-as em sua presença, se assim considerar necessário".

a separação judicial como um viés de reconciliação e contava com uma "cláusula de arrependimento", como afirma Maria Berenice Dias.[29]

Quem se separava judicialmente, mas alcançava a reconciliação, tinha assegurado o direito de retomar o casamento e retornar ao estado de casado sem a necessidade de se casar novamente, já que não tinha dado o passo definitivo para o fim do vínculo matrimonial. Porém, raros foram os casos de reversão.

A jurisprudência foi abraçando os casos que eram levados ao Poder Judiciário e a interpretação da lei foi aumentando, o que obrigou a Constituição Federal de 1988 a institucionalizar o divórcio direto, como será exposto adiante.

Da Constituição Federal de 1988 e as Leis n. 7.841/1989 e n. 8.408/1992

O ano de 1988 foi muito marcante para a sociedade brasileira, pois, no dia 05 de outubro daquele ano, o Brasil ganhou uma nova Constituição, tida como o documento democrático que, após o regime militar, privilegiou a retomada da cidadania por meio da valorização de direitos e garantias fundamentais até então ignorados.

Com a Constituição Federal de 1988, foi consagrado o princípio da isonomia entre homens e mulheres e ampliou-se

---

[29] DIAS, 2016. p.212.

o conceito de família, igualando os direitos dos filhos de qualquer origem, valorizando, acima de tudo, a pessoa, sua dignidade, o afeto e o amor.

Na época, já haviam se passado mais de dez anos da instituição do divórcio no Brasil e, diferentemente do que muitos esperavam e especulavam, o divórcio não causou o fim da família formada pelo casamento. Na realidade, ocorreu o contrário: a sociedade acolheu e se adequou ao divórcio e vice-versa, pois, com a Constituição Federal de 1988, houve guarida ao divórcio direto.

No artigo 226, §6º,[30] a Constituição trouxe grande alteração no tocante ao divórcio e com eficácia imediata, reduzindo o prazo para conversão e para a separação de fato, admitindo, como já dito, o divórcio direto, sem o condicionar às separações anteriores ao ano de 1977.

Como mencionado anteriormente, a Lei do Divórcio já permitia um novo casamento, mas autorizava somente uma oportunidade. A Constituição Federal de 1988, entretanto, não limitou esse número e passou a permitir que as pessoas se divorciassem e recasassem quantas vezes quisessem e fosse preciso.

---

[30] Constituição Federal, 1988, art. 226: "§6º – O casamento civil pode ser dissolvido pelo divórcio, após prévia separação judicial por mais de um ano nos casos expressos em lei, ou comprovada separação de fato por mais de dois anos".

A redação original do artigo 226, §6º, trazia as condições da dissolução do casamento civil pelo divórcio condicionada à separação, ou seja, ainda com restrições e gerando muita burocracia e despesas processuais. Para a conversão da separação judicial em divórcio, reduziu-se o tempo de espera de três para um ano. Para a separação de fato comprovada, reduziu-se de cinco para dois anos.

Isso possibilitou a promulgação da Lei n. 7.841, de 17 de outubro de 1989, cujo principal objetivo era revogar o artigo 38 e dar nova redação ao artigo 40 da Lei do Divórcio, adaptando-o às novas regras constitucionais.

Da mesma forma, em 1992 foi promulgada a Lei n. 8.408 para dar nova redação a alguns dispositivos da Lei do Divórcio, estabelecendo que a separação judicial poderia também ser pedida por apenas um dos cônjuges, se esse provasse a ruptura da vida em comum por mais de um ano consecutivo e a impossibilidade de sua reconstituição, e que a conversão em divórcio da separação judicial dos cônjuges existente há mais de um ano, contada da data da decisão ou da que concedeu a medida cautelar correspondente, seria decretada por sentença, da qual não constaria referência à causa que a determinara.[31]

---

[31] Lei n. 8.408/1992: "Art. 1º – O §1º do art. 5º e o art. 25 da Lei n. 6.515, de 26 de dezembro de 1977, passam a vigorar com a seguinte redação: §1º – A separação judicial pode, também, ser pedida se um dos cônjuges

A partir da Constituição Federal de 1988, passou a ser reconhecida, à família, a função social de realização existencial do indivíduo, lançando-a como base de um Estado Democrático de Direito, respeitando, precipuamente, um dos principais direitos fundamentais do ser humano, qual seja, o princípio da dignidade da pessoa humana, que será abordado mais adiante.

Como consequência dos novos ditames constitucionais, vale lembrar que foram editadas leis garantidoras de vários direitos assegurados na Carta Magna, como o Estatuto da Criança e do Adolescente (Lei n. 8.069/1990), a normatização do reconhecimento de filhos fora do casamento (Lei n. 8.560/1992) e as Leis da União Estável (Leis n. 8.971/1994 e n. 9.278/1996), entre outras.

---

provar a ruptura da vida em comum há mais de um ano consecutivo, e a impossibilidade de sua reconstituição. (...) Art. 25 – A conversão em divórcio da separação judicial dos cônjuges existente há mais de um ano, contada da data da decisão ou da que concedeu a medida cautelar correspondente (art. 8º), será decretada por sentença, da qual não constará referência à causa que a determinou. Parágrafo único: A sentença de conversão determinará que a mulher volte a usar o nome que tinha antes de contrair matrimônio, só conservando o nome de família do ex-marido se alteração prevista neste artigo acarretar: I – evidente prejuízo para a sua identificação; II – manifesta distinção entre o seu nome de família e dos filhos havidos da união dissolvida; III – dano grave reconhecido em decisão judicial".

Da separação e do divórcio no Código Civil de 2002

O Novo Código Civil Brasileiro, promulgado pela Lei n. 10.406, de 10 de janeiro de 2002, cuja vigência teve início um ano após sua publicação, trouxe, no Livro IV, o Direito de Família, especificamente os artigos 1.511 a 1.783, incorporando diversas disposições da Constituição Federal de 1988 e leis especiais pertinentes. A Lei n. 6.515/1977, porém, foi automaticamente revogada, atestando que, até o ano de 2002, a Lei do Divórcio de 1977 conviveu com o Código Civil de 1916.

Todavia, em que pese essa revogação, o Código Civil de 2002 empregou a mesma sistemática que vinha adotando com relação ao divórcio, já que os cônjuges continuaram a não poder optar entre simples separação judicial e divórcio direto.

Com a Lei n. 6.515/1977, como já mencionado, ficaram mais explícitos os efeitos oriundos da separação, como o fim da coabitação, da fidelidade recíproca e do regime de bens.[32] Com o Código Civil de 2002, os mesmos efeitos foram repetidos no artigo 1.576[33] e complementados no artigo 1.566, além da inclusão

---

[32] Lei n. 6.515/1977, art. 3º: "A separação judicial põe termo aos deveres de coabitação, fidelidade recíproca e ao regime matrimonial de bens, como se o casamento fosse dissolvido".

[33] Código Civil, 2002, art. 1.576: "A separação judicial põe termo aos deveres de coabitação e fidelidade recíproca e ao regime de bens".

de outros três deveres: mútua assistência; sustento, guarda e educação dos filhos; e respeito e consideração mútuos.

O Código Civil de 2002 manteve a separação judicial por mútuo consentimento[34] e a separação pedida por um dos cônjuges com o caráter de sanção, imputando ao outro qualquer ato que represente grave violação dos deveres do casamento e torne insuportável a vida em comum.[35]

Segundo Maria Berenice Dias,[36]

> foram mantidas as causas involuntárias ou não culposas da separação legal e as causas voluntárias ou culposas, a corresponderem à separação-remédio e à separação-sanção e acrescentadas duas modalidades de separação judicial-remédio, hauridas da Lei n. 6.515/1977: 1) ruptura de vida

---

[34] Código Civil, 2002, art. 1.574: "Dar-se-á a separação judicial por mútuo consentimento dos cônjuges se forem casados por mais de um ano e o manifestarem perante o juiz, sendo por ele devidamente homologada a convenção. Parágrafo único: O juiz pode recusar a homologação e não decretar a separação judicial se apurar que a convenção não preserva suficientemente os interesses dos filhos ou de um dos cônjuges".

[35] Código Civil, 2002, art. 1.572: "Qualquer dos cônjuges poderá propor a ação de separação judicial, imputando ao outro qualquer ato que importe grave violação dos deveres do casamento e torne insuportável a vida em comum".

[36] DIAS, 2016. p.68.

em comum e 2) grave doença mental que torne impossível a vida em comum.

Com o Código Civil de 2002, foi abandonada a visão paternalista (patriarcal), permitindo que o casamento deixasse de ser a única forma de constituição de família e a mulher saísse de uma situação inferiorizada. Foram ampliadas, seguindo a linha constitucional, as formas de constituição familiar e o tratamento dado à instituição, considerada a base da sociedade, assim como também houve a consagração dos princípios da igualdade e dignidade da pessoa humana.

No Código, ficaram também estabelecidas a igualdade de direitos e deveres do homem e da mulher na sociedade conjugal; a igualdade dos filhos, advindos ou não do casamento, garantindo a todos os mesmos direitos e deveres e sendo vedada qualquer discriminação decorrente de sua origem; e a permanência da "facilitação", ainda que de forma atravancada e burocrática, da dissolução do casamento tanto pelo divórcio direto após dois anos de separação de fato quanto pela conversão da separação judicial em divórcio após um ano.

Vale lembrar que, pelo Código Civil, quando de sua introdução em 2002, a regra relativa à separação e ao divórcio continuava a ser sucessão das pretensões, e não alternativas, à exceção do divórcio direto, respeitado o prazo da separação de fato comprovada por mais de dois anos. Ou seja, quando o Código Civil de 2002 passou a vigorar, ainda havia a necessidade de separar para, então, se divorciar. Hoje é uma alternativa, já que o divórcio é direto; então, hoje, pode se separar ou pode se divorciar.

Assim, o Código manteve a divisão clássica da separação judicial: consensual/mútuo consentimento; litigiosa/decorrente de culpa; e independente de culpa, mas condicionada ao prazo de dois anos de ruptura de vida em comum ou a uma grave doença mental.

No tocante à separação consensual, o Código Civil de 2002 inovou, diminuindo o prazo de casamento de dois para um ano (artigo 1.574). Quanto à separação litigiosa, o Código trouxe a enumeração dos motivos citados no artigo 1.573,[37] uma clara demonstração da interferência do Estado na privacidade e intimidade das relações particulares domésticas, que veio a diminuir um pouco apenas anos mais tarde, como será visto adiante.

Além disso, o Código Civil de 2002 manteve o divórcio indireto (pela conversão da separação judicial) e o direto (pela

---

[37] Código Civil, 2002, art. 1.573: "Podem caracterizar a impossibilidade da comunhão de vida a ocorrência de algum dos seguintes motivos: I – adultério; II – tentativa de morte; III – sevícia ou injúria grave; IV – abandono voluntário do lar conjugar, durante um ano contínuo; V – condenação por crime infame; VI – conduta desonrosa. Parágrafo único: O juiz poderá considerar outros fatos que tornem evidente a impossibilidade da vida em comum".

comprovação da separação de fato por mais de dois anos), sem mencionar a questão da culpa, apenas o decurso de prazo de cada situação.

Ademais, há de se ressaltar que ficou disposto legalmente o que a jurisprudência já estipulava,[38] ou seja, que a concessão do divórcio direto é independente da realização da partilha de bens.[39]

A adoção do sobrenome do cônjuge também foi um tema alterado pelo Código Civil, que passou a considerá-la um direito assegurado a ambas as partes,[40] estipulando que a perda do nome acrescido, quando do divórcio, somente pode ocorrer para o cônjuge considerado culpado, se assim o requerer o outro, e desde que a alteração não lhe cause prejuízos para a identificação, conforme disposição do artigo 1.578 e incisos.

Apesar de o Código Civil de 2002 ter tido a oportunidade de inovar na legislação, isso lamentavelmente não ocorreu; assim, os artifícios legais passados ainda permaneceram, desestimulando o fim do casamento.

---

[38] STJ, 1997.

[39] Código Civil, 2002, art. 1.581: "O divórcio pode ser concedido sem que haja prévia partilha de bens".

[40] Código Civil, 2002, art. 1.565: "Pelo casamento, homem e mulher assumem mutuamente a condição de consortes, companheiros e responsáveis pelos encargos da família. §1º – Qualquer dos nubentes, querendo, poderá acrescer ao seu o sobrenome do outro".

No entanto, em 2007, com o intuito de desafogar o Poder Judiciário, facilitou-se o procedimento, abreviando-se um pouco a burocracia de quem desejava se separar e se divorciar, colocando fim ao casamento.

Da Lei n. 11.441/2007 – da inserção da possibilidade da separação e do divórcio consensuais por via administrativa
Em 04 de janeiro de 2007, foi promulgada a Lei n. 11.441, que acrescentou um artigo na legislação processual civil em vigor à época (artigo 1.124-A do Código de Processo Civil de 1973,[41] que

---

[41] Código de Processo Civil, 1973, art. 1.124-A: "A separação consensual e o divórcio consensual, não havendo filhos menores ou incapazes do casal e observados os requisitos legais quanto aos prazos, poderão ser realizados por escritura pública, da qual constarão as disposições relativas à descrição e à partilha dos bens comuns e à pensão alimentícia e, ainda, ao acordo quanto à retomada pelo cônjuge de seu nome de solteiro ou à manutenção do nome adotado quando se deu o casamento. (Incluído pela Lei n. 11.441, de 2007.) §1º – A escritura não depende de homologação judicial e constitui título hábil para o registro civil e o registro de imóveis. (Incluído pela Lei n. 11.441, de 2007.) §2º – O tabelião somente lavrará a escritura se os contratantes estiverem assistidos por advogado comum ou advogados de cada um deles ou por defensor público, cuja qualificação e assinatura constarão do ato notarial. (Redação dada pela Lei n. 11.965, de 2009.) §3º – A escritura e demais atos notariais serão gratuitos àqueles que se declararem pobres sob as penas da lei. (Incluído pela Lei n. 11.441, de 2007.)

corresponde ao artigo 733 do atual Código).[42] Extremamente inovadora, ela tornou a separação e o divórcio rápidos e seguros, acatando um ritmo já ditado e exigido pela sociedade, alterou a forma como esse assunto era conduzido no Poder Judiciário e limitou, de certa forma, a intervenção do Estado na vontade das pessoas.

Para disciplinar a aplicação da referida lei pelos serviços notariais e de registro, o Conselho Nacional de Justiça (CNJ) expediu a Resolução CNJ n. 35 em 24 de abril de 2007, que foi alterada, posteriormente, pela Resolução CNJ n. 110/2010. Assim, passou a se permitir que o divórcio e a separação consensuais pudessem ser requeridos por via administrativa, dispensando a necessidade de ação judicial e possibilitando a separação e o divórcio mediante o comparecimento das partes, desde que o casal não tenha filhos menores ou incapazes (e, obviamente, não estejam esperando um filho)[43] e esteja em consenso no tocante à partilha e/ou alimentos. Assistidas por advogados, as partes

---

[42] Código de Processo Civil, 2015, art. 733: "O divórcio consensual, a separação consensual e a extinção consensual de união estável, não havendo nascituro ou filhos incapazes e observados os requisitos legais, poderão ser realizados por escritura pública, da qual constarão as disposições de que trata o art. 731".

[43] DINIZ, 2012. p.354: "Se o casal estiver esperando um filho, como a lei resguarda, desde a concepção, os direitos do nascituro, não poderá valer-se da separação por via extrajudicial".

passaram a tratar do assunto diretamente em um Tabelionato de Notas, onde devem apresentar os documentos exigidos e o pedido, que será reduzido a uma escritura pública.

Conforme entendimento de Christiano Cassettari,[44] não há o que se falar em competência em se tratando do procedimento extrajudicial, pois é livre a escolha do Tabelionato de Notas, em razão do consenso existente entre as partes e da incidência do artigo 8º da Lei n. 8.935/1994,[45] bem como do artigo 1º da Resolução CNJ n. 35/2007.[46] Portanto, quando se trata de divórcio extrajudicial, não há uma região determinada (p.ex., domicílio do casal) ou tabelionato "especializado", ou seja, não há o critério de competência, como existe quando é judicial.

Com isso, é correto afirmar que foi dado um grande passo na desburocratização do divórcio no Brasil, acompanhando as mudanças e as vontades de uma sociedade mais moderna junto a um sentimento de confiança que a população possui em relação aos Serviços Notariais e de Registro.

---

[44] CASSETTARI, 2012. p.73.

[45] Lei n. 8.935/1994, art. 8º: "É livre a escolha do tabelião de notas, qualquer que seja o domicílio das partes ou o lugar de situação dos bens objeto do ato ou negócio".

[46] Resolução CNJ n. 35/2007, art. 1º: "Para a lavratura dos atos notariais de que trata a Lei n. 11.441/2007, é livre a escolha do tabelião de notas, não se aplicando as regras de competência do Código de Processo Civil".

A opção da separação e do divórcio pela via administrativa ganhou como vantagem a celeridade, ao contrário da via judicial, que prolongava o trâmite e, por consequência, o sofrimento das partes, que se viam obrigadas a manter certo contato após a separação de corpos.

A presença obrigatória do advogado também tornou o procedimento administrativo mais seguro às partes. Além disso, a Lei n. 11.441/2007 possibilitou que as pessoas pudessem se separar e divorciar sem efetivamente expor seus problemas ao Poder Judiciário, no claro exercício da autonomia privada, da liberdade individual e dignidade da pessoa humana.

Ressalta-se que não há necessidade de se realizar a partilha de bens no procedimento extrajudicial em questão. Esse assunto pode ser tratado em momento mais oportuno, conforme o julgamento de cada casal.

Contudo, apesar de todas as vantagens (confiança, celeridade, valorização da autonomia, etc.) e da evidente desburocratização do procedimento para separação e divórcio, há de se mencionar que, diferentemente do procedimento junto ao Poder Judiciário, na via administrativa não há segredo de justiça,[47] uma vez que tudo se dá por meio de escritura pública.

---

[47] Resolução CNJ n. 35/2007, art. 42: "Não há sigilo nas escrituras públicas de separação e divórcio consensuais".

A título de curiosidade, conforme notícia veiculada pelo Instituto Brasileiro de Geografia e Estatística (IBGE)[48] em 04/12/2008 – ou seja, pouco mais de um ano após a promulgação da Lei n. 11.441/2007 –, embora tenham sido realizados 916.006 casamentos no Brasil em 2007, o número de dissoluções (soma dos divórcios diretos sem recurso e separações) chegou a 231.329, ou seja, para cada quatro casamentos foi registrada uma dissolução.

Com isso, constatou-se que em 2007, ou seja, trinta anos após a introdução do divórcio no Brasil, o instituto atingiu sua maior taxa na série mantida pelo IBGE desde 1984.

O próprio IBGE informa que, nesse período, a taxa de divórcios teve crescimento superior a 200%, passando de 0,46‰, em 1984, para 1,49‰, em 2007. O aumento do número de divórcios pode ser explicado não apenas pelas mudanças de comportamento na sociedade brasileira, que passou a aceitar a dissolução do casamento com mais naturalidade, mas também pela criação da Lei n. 11.441/2007, que desburocratizou os procedimentos de separações e de divórcios consensuais.

Dando continuidade ao atendimento dos anseios da sociedade e passadas pouco mais de três décadas de vigência da Lei do Divórcio, além da exigência judicial, em 2010 teve fim também a duplicidade de instrumentos para a obtenção do divórcio, como será visto a seguir.

---

[48] IBGE, 2008.

Da Emenda Constitucional n. 66/2010 e do tratamento jurídico atual

A Constituição Federal de 1988 consolidou o divórcio direto (sem extinguir o divórcio indireto, decorrente da conversão da separação judicial), condicionando-o ao lapso temporal de dois anos de separação de fato, o que vigorou até a entrada da revolucionária Emenda Constitucional n. 66/2010.

Seguindo um fenômeno mundial,[49] com base na linha já adotada em países como Espanha, Colômbia, Japão e Portugal, o Instituto Brasileiro de Direito de Família (IBDFAM), mesmo diante de outras tentativas sobre o mesmo assunto, tomou a iniciativa de apresentar um Projeto de Emenda Constitucional (PEC), que recebeu o n. 28/2009 e pretendia modificar o §6º do artigo 226 da Constituição Federal, para que o casamento civil pudesse ser dissolvido pelo divórcio, sendo suprimido o requisito de prévia separação judicial por mais de um ano ou de comprovada separação de fato por mais de dois anos.

O referido projeto, de autoria inicial do deputado Antônio Carlos Biscaia e reapresentado posteriormente por deputado Sérgio Barradas Carneiro, ficou conhecido como "PEC do amor" ou "PEC do divórcio", nas palavras do líder do governo no Senado à época (o senador Romero Jucá),[50] por permitir, após

---

[49] GRISARD FILHO, 2010.
[50] IBDFAM e JUSBRASIL, 2009.

uma separação, a realização imediata de um novo casamento reconhecido por lei.

Segundo o relator da matéria na Comissão de Constituição, Justiça e Cidadania (CCJ), o senador Demóstenes Torres,[51] perdeu-se o sentido de condicionar tais pré-requisitos temporais para a concessão do divórcio, pois não havia razão para manter unidas por mais tempo ainda pessoas que não queriam permanecer juntas.

Além disso, há muito tempo a sociedade já clamava pela dissolução mais simples do casamento, sem tanta burocracia, obstáculos dolorosos (considerando o processo prévio de separação e discussões acerca dos motivos), impedimentos e prazos. O que se desejava, na realidade, era dar fim à tanta invasão do Estado à privacidade e à intimidade das pessoas.

Assim, com a aprovação da Emenda Constitucional n. 66, promulgada em 13 de julho de 2010, passou a vigorar a nova redação do §6º, artigo 226, da Constituição Federal de 1988, prevendo simplesmente que "o casamento civil pode ser dissolvido pelo divórcio". Ou seja, a emenda apenas suprimiu a parte final do dispositivo.

Com isso, para a obtenção do divórcio, deixou de ser necessária qualquer contagem de tempo desde a separação, bem como qualquer discussão acerca da culpa dos cônjuges pelo

---

[51] MIGALHAS, 2010.

fim do casamento, afastando o Estado da intimidade do casal e respeitando a autonomia da vontade e o princípio da liberdade das partes, permitindo, desse modo, o rompimento do vínculo conjugal diretamente, tanto pelo modo consensual quanto pelo litigioso.

Assim, o padrão relativo ao divórcio mudou totalmente, posto que o processo de separação se tornou um procedimento dispensável. Agora, os cônjuges poderiam requisitar diretamente a dissolução do casamento sem a necessidade de passarem pelos trâmites desgastantes que até então efetivavam a separação das partes – ou seja, o divórcio foi finalmente reconhecido como o exercício do direito potestativo.[52]

Com isso, nota-se que a Emenda Constitucional n. 66/2010 formalizou o fim dos maiores entraves para a efetivação da dissolução do casamento, permitindo que o divórcio ocorresse mais rapidamente e sem desgastes desnecessários, poupando, muitas vezes, brigas e gastos sem sentido e, consequentemente, preservando o lado emocional e psicológico de todos os envolvidos.

Obviamente, houve muitas discussões acerca da promulgação dessa Emenda, que foi interpretada, por muitos, como uma forma de enfraquecimento da família, mas não o é. Na verdade, o divórcio direto tem como objetivo facilitar a

---

[52] GAGLIANO e PAMPLONA FILHO, 2017. p.539.

constituição de novas famílias, quando não há mais, de fato e de direito, chances de se continuar um casamento.

Dessa forma, atualmente o divórcio pode ocorrer por iniciativa unilateral (por qualquer uma das partes), mesmo que não haja justificativa – ou seja, pela detecção do fim do afeto por uma das partes –, assim como pode ser requerido (nos casos de separação judicial ainda sem conversão, isto é, quando o casal já se separou há anos, mas ainda não se divorciou) e obtido; afinal, não faz sentido forçar uma relação que não se sustenta mais.

Pode-se concluir, portanto, que o Direito de Família vem, aos poucos, sendo regido pelo princípio da intervenção estatal mínima e acolhendo os novos arranjos familiares (e suas consequências) que surgem após o fim de um casamento.

Ademais, é importante ressaltar que a Emenda Constitucional n. 66/2010, além de decretar relevante reformulação na dissolução do casamento, trouxe também muita polêmica, principalmente no tocante à permanência ou não da separação judicial no direito brasileiro, tema que será abordado no capítulo a seguir.

CAPÍTULO III
DA SEPARAÇÃO E DAS MODALIDADES DO DIVÓRCIO

DA SEPARAÇÃO DE FATO E SEPARAÇÃO DE CORPOS

Não se pode confundir separação com divórcio, pois, muito embora ambos signifiquem o fim do casamento, são institutos diferentes, já que um dissolve o vínculo conjugal (divórcio) e o outro não (separação).

A princípio, diante de um relacionamento falido e tendo havido a ruptura da vida em comum, a separação de fato e a separação de corpos são os remédios imediatos mais razoáveis que existem.

A separação de fato, de acordo com Pablo Stolze Gagliano e Rodolfo Pamplona Filho, "compreenderia não apenas a ruptura da vida em comum no mesmo domicílio conjugal, mas também a própria ruína da vida doméstica, ainda que os cônjuges residam no mesmo imóvel".[1]

Portanto, a ausência de afeto que gera a falência de uma relação, mesmo que ainda ocorra a coabitação (geralmente por razões financeiras), pode ser caracterizada como uma separação de fato.

A separação de fato e a separação de corpos são formas que definem, de alguma maneira, o término da sociedade conjugal. Entretanto, como já dito anteriormente, não significam sua dissolução.

Quando se visa ao divórcio, a separação de corpos[2] pode ser requerida judicialmente sob a alegação de perigos da desarmonia, como a ocorrência de conflitos, atos de violência (se for contra a mulher, é possível que se busque a aplicação da Lei Maria da Penha, se for o caso), comprometimento da integridade física ou moral (tanto do cônjuge como da prole), etc.

---

[1] GAGLIANO e PAMPLONA FILHO, 2017. p 583.

[2] Código Civil, 2002, art. 1.562: "Antes de mover a ação de nulidade do casamento, a de anulação, a de separação judicial, a de divórcio direto ou a de dissolução de união estável, poderá requerer a parte, comprovando sua necessidade, a separação de corpos, que será concedida pelo juiz com a possível brevidade".

Hoje em dia, o pedido de separação de corpos pode ser feito em sede de tutela cautelar antecedente[3] de urgência ou, até mesmo, se for o caso, por uma medida protetiva na esfera penal, com base nas previsões da Lei Maria da Penha,[4] e não mais em uma ação cautelar autônoma, como antigamente.

Também há a possibilidade de a separação de corpos ser lavrada extrajudicialmente perante o Tabelionato de Notas, porém, atualmente, essa não é uma praxe.

Com isso, a separação de corpos é a confirmação declaratória judicial da separação de fato e do rompimento do casamento, produzindo os efeitos jurídicos pertinentes. Contudo, os efeitos também são sentidos na separação de fato, como afirma Maria Berenice Dias:[5] "A simples separação de fato – que pode ocorrer inclusive residindo o casal sob o mesmo teto – põe fim a todos os deveres, direitos e efeitos do casamento, quer pessoais, quer patrimoniais".

Verifica-se, então, que os dois tipos de separação fazem cessar os deveres de coabitação e fidelidade, bem como a comunhão

---

[3] Código de Processo Civil, 2015, art. 305: "Da ação que visa à prestação de tutela cautelar em caráter antecedente indicará a lide e seu fundamento, a exposição sumária do direito que se objetiva assegurar e o perigo de dano ou o risco ao resultado útil do processo".

[4] Lei n. 11.340/2006, arts. 22, II, e 23, IV.

[5] DIAS, 2016. p.217.

(comunicação) de bens e os direitos sucessórios. Entretanto, em relação a esses últimos, o Código Civil estabelece que serão reconhecidos a quem não for separado judicialmente ou, então, quando as partes não estiverem separadas de fato há mais de dois anos, desde que a culpa pela separação tenha sido do cônjuge falecido.[6]

Vale salientar que é descabido impor a convivência quando um dos cônjuges tem a intenção de romper o casamento e quer se afastar do lar comum espontaneamente. A esse cônjuge, basta a comunicação de sua intenção para que proceda à saída, não havendo razão para se aguardar qualquer provimento jurisdicional.

DO FIM DO INSTITUTO DA SEPARAÇÃO JUDICIAL

A Lei do Divórcio substituiu o desquite pela separação judicial, que era o prelúdio necessário do divórcio,[7] pois abria caminho à dissolução do vínculo matrimonial e colocava termo aos deveres de coabitação, fidelidade recíproca e ao regime de bens, como se

---

[6] Código Civil, 2002, art. 1.830: "Somente é reconhecido direito sucessório ao cônjuge sobrevivente se, ao tempo da morte do outro, não estavam separados judicialmente, nem separados de fato há mais de dois anos, salvo prova, neste caso, de que essa convivência se tornara impossível sem culpa do sobrevivente".

[7] FRANÇA, 1977. p.6.

o casamento estivesse dissolvido.[8] Por meio da separação judicial, a dissolução do casamento chamava-se divórcio conversivo.

Na separação judicial, havia a possibilidade prévia dos cônjuges optarem pelo seu decreto com ou sem culpa, sendo que tal opção se manteria quando a separação fosse convertida para o divórcio. Caso os cônjuges optassem por aguardar dois anos consecutivos da separação de fato, o divórcio conversivo não poderia ser cumulado com a decretação da culpa.

A Emenda Constitucional n. 66/2010 permitiu que o divórcio fosse liberado diretamente e pudesse ser requerido a qualquer tempo, sem necessidade ou interesse público a respeito dos motivos pelos quais o casamento acabou, como acontecia na separação. Por esse motivo, muitos diziam que a referida emenda havia acabado com o instituto da separação judicial.

Pablo Stolze Gagliano e Maria Berenice Dias, dentre outros autores/juristas, defendem que, de fato, o instituto da separação não mais existe no direito brasileiro em razão da inocuidade patente e das ineficazes referências na legislação processual, afirmando que:

> Agora o sistema jurídico conta com uma única forma de dissolução do casamento: o divórcio. O instituto da separação

---

[8] Lei n. 6.515/1977, art. 3º: "A separação judicial põe termo aos deveres de coabitação, fidelidade recíproca e ao regime matrimonial de bens, como se o casamento fosse dissolvido".

simplesmente desapareceu. Ao ser excluído da Constituição Federal, foram derrogados todos os dispositivos da legislação infraconstitucional referentes ao tema.[9]

A separação judicial sempre foi tida como uma forma de reavaliação, pelas partes envolvidas, da conveniência ou não do fim do casamento, tendo como objetivo garantir ao casal a oportunidade de pensar melhor nas razões do término e, possivelmente, optar pela reconciliação. Entretanto, na prática, verifica-se que são raras as vezes em que isso ocorre.

Manter a separação como uma brecha para a possibilidade de arrependimento e de reconciliação das partes é uma utopia, pois os casos em que isso acontece são raros e, além disso, o divórcio direto em nada impede a eventual retomada da relação e, até mesmo, um novo matrimônio do mesmo casal.

Todavia, assim como Regina Beatriz Tavares da Silva[10], Maria Helena Diniz[11] e Yussef Said Cahali,[12] há quem entenda que, pela Emenda Constitucional n. 66/2010, a separação judicial não foi suprimida do ordenamento brasileiro.

---

[9] DIAS, 2016. p.209.
[10] SILVA, 2012.
[11] DINIZ, 2012.
[12] CAHALI, 2011.

Maria Helena Diniz[13] defende a manutenção do instituto da separação, uma vez que a referida emenda apenas se refere ao divórcio, mantendo as normas sobre separação. Diniz alega que há, ainda, a possibilidade de se assegurar a liberdade do casal na escolha entre divórcio ou preliminar separação. Contudo, reconhece que:

> As normas relativas à separação judicial ou extrajudicial poderão perder sua eficácia social, apesar de continuarem válidas e vigentes, por serem leis especiais e por não conflitarem com o comando constitucional, que tão somente se refere a uma das formas de dissolução do vínculo matrimonial, que é o divórcio.

Nesse passo, em um recentíssimo julgamento (em março de 2017) da matéria pelo Superior Tribunal de Justiça (STJ), entendeu-se que a separação judicial ainda é uma opção à disposição dos cônjuges. De acordo com a notícia veiculada pelo STJ, em 22/03/2017,[14] afirmou a ministra relatora Isabel Gallotti que:

> O texto constitucional dispõe que o casamento civil pode ser dissolvido pelo divórcio, imprimindo faculdade aos cônjuges, e não extinguindo a possibilidade de separação

---

[13] DINIZ, 2012. p.269.

[14] STJ, 2017a.

judicial. Ademais, sendo o divórcio permitido sem qualquer restrição, forçoso concluir pela possibilidade da separação ainda subsistente no Código Civil, pois quem pode o mais, pode o menos também.

Com isso, ficou claro que a Emenda Constitucional n. 66/2010 não aboliu a separação judicial do ordenamento jurídico brasileiro, mas que apenas facilitou aos cônjuges o exercício pleno de sua autonomia privada, já que houve a supressão do requisito temporal e do sistema bifásico para que o casamento possa ser dissolvido pelo divórcio.

Dessa forma, privilegiou-se a liberdade de escolha. Os casais podem escolher entre se divorciar diretamente ou apenas se separar, a fim de resguardar legalmente seus direitos patrimoniais e preservar a possibilidade de um futuro entendimento conjugal.

Percebe-se, portanto, que as mudanças sociais e as inovações legislativas possibilitaram que a separação judicial perdesse muito de sua utilidade, embora ainda possa ser utilizada conforme entendimento jurisprudencial. É evidente, porém, que já não há mais tanta prática e eficácia como dantes, pois seu papel possibilita tão somente a discussão da causa (ou culpa) da separação, o que não é mais necessário para a obtenção do divórcio em si.

No entanto, cabe dizer que, mesmo não havendo necessidade de se discutir os fatos que levaram as partes à separação e ao divórcio, certas situações possuem consequências jurídicas que devem ser verificadas na esfera da responsabilidade civil, como será abordado oportunamente.

No mais, anteriormente ao entendimento do STJ explicitado em 2017, vale informar que o IBGE, em 2014,[15] considerando as modificações ocorridas na legislação sobre divórcio e em função da discreta importância da separação no Brasil, constatou uma queda acentuada no número de assentamentos referentes aos processos de separação. Assim, em virtude desses fatos, ficou decidida a suspensão do levantamento de tais informações no âmbito do território brasileiro a partir de então, já que é muito mais preferido o divórcio.

DO DIVÓRCIO POR MÚTUO CONSENTIMENTO EXTRAJUDICIAL

Em razão da Emenda Constitucional n. 66/2010, a Resolução do Conselho Nacional de Justiça (CNJ) n. 35/2007, que regulamentou a Lei n. 11.441/2007, foi alterada pela Resolução CNJ n. 120/2010, adaptando-se ao novo texto constitucional sobre o

---

[15] IBGE, 2014.

divórcio, mantendo, porém, as disposições sobre a separação extrajudicial.

Conforme a previsão legal atual,[16] o divórcio extrajudicial sempre deve ocorrer por mútuo consentimento dos cônjuges.

O consenso resultante da livre vontade das partes capazes, assim como a inexistência de nascituros e incapazes, são premissas para que a dissolução do casamento ocorra administrativamente e sem intercorrências.

Perante o Tabelionato de Notas, que é de livre escolha do casal,[17] devem ser apresentados os documentos necessários.[18] O divórcio, então, ocorre por meio da lavratura de uma escritura

---

[16] Código de Processo Civil, 2015, art. 733: "O divórcio consensual, a separação consensual e a extinção consensual de união estável, não havendo nascituro ou filhos incapazes e observados os requisitos legais, poderão ser realizados por escritura pública, da qual constarão as disposições de que trata o art. 731".

[17] CASSETTARI, 2012. p.71.

[18] Resolução CNJ n. 35/2007, art. 33: "Para a lavratura da escritura pública de separação e de divórcio consensuais, deverão ser apresentados: a) certidão de casamento; b) documento de identidade oficial e CPF-MF; c) pacto antenupcial, se houver; d) certidão de nascimento ou outro documento de identidade oficial dos filhos absolutamente capazes, se houver; e) certidão de propriedade de bens imóveis e direitos a eles relativos; e f)

pública, na qual as partes devem ser assessoradas por um advogado, sendo vedada ao tabelião a indicação desses profissionais.[19]

Na escritura, as partes estabelecem o divórcio e podem decidir questões pertinentes, como alteração do nome (retomada do nome de solteiro) e partilha de bens e alimentos. Outros assuntos podem ser resolvidos dependendo das circunstâncias específicas, como aluguel de parte de imóvel constante de patrimônio comum, lembrando, obviamente, que a guarda e alimentos de filhos menores jamais podem ser transacionados por escritura pública.

Como já mencionado anteriormente, não há necessidade da realização da partilha de bens ou estabelecimento sobre pensão alimentícia dos cônjuges na mesma escritura do divórcio, podendo essas decisões ficarem para outro momento mais

---

documentos necessários à comprovação da titularidade dos bens móveis e direitos, se houver".

[19] Resolução CNJ n. 35/2007, art. 9º: "É vedada ao tabelião a indicação de advogado às partes, que deverão comparecer para o ato notarial acompanhadas de profissional de sua confiança. Se as partes não dispuserem de condições econômicas para contratar advogado, o tabelião deverá recomendar-lhes a Defensoria Pública, onde houver, ou, na sua falta, a Seccional da Ordem dos Advogados do Brasil".

oportuno,[20] se assim entenderem as partes. Todavia, caso prefiram, tais questões podem ser definidas concomitantemente ao divórcio. É importante frisar, porém, que a obrigação de mútua assistência entre cônjuges é cessada com a separação ou o divórcio.

Quanto aos alimentos no divórcio extrajudicial, entendem Francisco José Cahali e Karin Regina Rick Rosa[21] que o tabelião não pode intervir na forma como é fixada a pensão alimentícia, já que somente as partes podem estabelecer o seu valor, o seu vencimento, a forma de correção e como esse valor mesma será pago. Os cônjuges podem também fixar, na escritura do divórcio, a pensão dos filhos maiores de idade, sendo que, em ambos os casos (alimentos para cônjuge ou para filhos maiores), a escritura serve como título executivo judicial.[22]

No mais, para a escritura pública do divórcio, há a possibilidade de a parte ser representada por procurador com poderes

---

[20] Código Civil, art. 1.581: "O divórcio pode ser concedido sem que haja prévia partilha de bens"; e TJSP, Corregedoria, 2007, orientação 5.8: "Tanto em separação consensual, como em divórcio consensual, por escritura pública, as partes podem optar em partilhar os bens, ou resolver sobre a pensão alimentícia, *a posteriori*".

[21] CAHALI, 2007. p.103.

[22] CASSETTARI, 2012. p.112.

especiais,[23] dispensando-se a homologação judicial, estando ela apta, por si só, para os registros civis, mobiliários e imobiliários necessários.[24]

DO DIVÓRCIO CONSENSUAL JUDICIAL

A demanda consensual judicial do divórcio ocorre, necessariamente, quando existem nascituros ou incapazes oriundos da relação dos cônjuges que pretendem a dissolução do casamento por comum acordo, com ou sem partilha de bens. Nesses casos, mesmo sendo o divórcio decorrente do ajuste das vontades do

---

[23] Resolução CNJ n. 35/2007, art. 36: "O comparecimento pessoal das partes é dispensável à lavratura de escritura pública de separação e divórcio consensuais, sendo admissível ao(s) separando(s) ou ao(s) divorciando(s) se fazer representar por mandatário constituído, desde que por instrumento público com poderes especiais, descrição das cláusulas essenciais e prazo de validade de trinta dias".

[24] Resolução CNJ n. 35/2007, art. 3º: "As escrituras públicas de inventário e partilha, separação e divórcio consensuais não dependem de homologação judicial e são títulos hábeis para o registro civil e o registro imobiliário, para a transferência de bens e direitos, bem como para promoção de todos os atos necessários à materialização das transferências de bens e levantamento de valores (DETRAN, Junta Comercial, Registro Civil de Pessoas Jurídicas, instituições financeiras, companhias telefônicas, etc.)".

casal, há, obrigatoriamente, a intervenção do Ministério Público na fiscalização dos interesses dos incapazes.

O pedido de homologação judicial do divórcio consensual deve ser reduzido a termo em uma mesma petição assinada pelas partes e acompanhada da documentação pertinente (certidões de casamento, nascimento e documentos do patrimônio comum), observados os requisitos legais previstos no Código de Processo Civil,[25] fazendo constar, assim, as disposições sobre a guarda e o regime de convivência dos filhos incapazes, sobre a pensão alimentícia (dos cônjuges, se for o caso, e dos menores) e a descrição dos bens, bem como a partilha dos bens comuns e a deliberação a respeito da preservação ou não do nome.

Todavia, se não houver consenso na partilha dos bens, os cônjuges poderão discuti-la em outro momento, mesmo após a

---

[25] Código Civil, 2002, art. 731: "A homologação do divórcio ou da separação consensuais, observados os requisitos legais, poderá ser requerida em petição assinada por ambos os cônjuges, da qual constarão: I – as disposições relativas à descrição e à partilha dos bens comuns; II – as disposições relativas à pensão alimentícia entre os cônjuges; III – o acordo relativo à guarda dos filhos incapazes e ao regime de visitas; e IV – o valor da contribuição para criar e educar os filhos. Parágrafo único: Se os cônjuges não acordarem sobre a partilha dos bens, far-se-á esta depois de homologado o divórcio, na forma estabelecida nos arts. 647 a 658".

homologação judicial do divórcio, da mesma forma que ocorre no divórcio extrajudicial.

No tocante aos alimentos, uma vez dispensados (já que são irrenunciáveis)[26] entre os cônjuges, de acordo com a jurisprudência,[27] não haverá possibilidade de a obrigação alimentar ser buscada novamente no futuro, visto que os alimentos são fundados no parentesco.[28]

Em outras palavras, por não serem os cônjuges parentes, o direito a alimentos – que se assenta na obrigação de mútua assistência – cessa imediatamente com a separação ou com o divórcio, salvo nos casos em que a lei e circunstâncias específicas excepcionam.

Com relação à homologação judicial, antes da consolidação da sistemática do divórcio direto, era maior a possibilidade de o juiz recusar o pedido de homologação da separação consensual (chamada cláusula de dureza), caso entendesse que não

---

[26] Código Civil, 2002, art. 1.707: "Pode o credor não exercer, porém lhe é vedado renunciar o direito a alimentos, sendo o respectivo crédito insuscetível de cessão, compensação ou penhora".

[27] TJDF, 2015.

[28] Código Civil, 2002, art. 1.694: "Podem os parentes, os cônjuges ou companheiros pedir uns aos outros os alimentos de que necessitem para viver de modo compatível com a sua condição social, inclusive para atender às necessidades de sua educação".

estariam preservados os direitos dos incapazes ou de um dos cônjuges. Ainda existe essa possibilidade por força de lei,[29] porém, ela é bastante infrequente em decorrência dos raros casos de separação judicial.

Todavia, em um divórcio consensual, havendo a possibilidade, em algumas disposições, de eventuais prejuízos aos incapazes ou a um dos cônjuges, o Ministério Público e/ou juiz irão determinar os ajustes pertinentes, sem, entretanto, intervir e determinar esclarecimentos sobre as razões motivacionais do divórcio em si.

Para a realização do divórcio, basta apenas a vontade de uma das partes e o respeito ao princípio da liberdade e da autonomia da vontade, pois, como bem proferiu Maria Berenice Dias, "o direito assegurado ao casal de dissolver o casamento não pode ser obstaculizado pela justiça".[30]

Com a homologação por sentença do acordo de divórcio, ocorrerá o decreto judicial do divórcio. Após o prazo recursal

---

[29] Código Civil, 2002, art. 1.574: "Dar-se-á a separação judicial por mútuo consentimento dos cônjuges se forem casados por mais de um ano e o manifestarem perante o juiz, sendo por ele devidamente homologada a convenção. Parágrafo único: O juiz pode recusar a homologação e não decretar a separação judicial se apurar que a convenção não preserva suficientemente os interesses dos filhos ou de um dos cônjuges".

[30] DIAS, 2016. p.224.

ou desistência dele, o divórcio será transitado em julgado e será expedido o mandado de averbação para que a decisão seja registrada no Cartório de Registro Civil onde ocorreu o casamento dos cônjuges, alterando, desse modo, o estado civil de ambos de casados para divorciados.

Caso o pedido consensual tenha deliberado sobre a partilha dos bens, será também extraída uma carta de sentença para as devidas averbações junto aos registros mobiliários e imobiliários.[31]

Ressalta-se que a relação de pais perpetua-se, pois a unidade familiar existirá independentemente do relacionamento que o casal venha a ter.

Assim, mesmo tendo sido homologadas as disposições do acordo entabulado entre os cônjuges, questões como guarda, convivência e alimentos dos filhos são definitivas. Tais assuntos podem ser revistos a qualquer tempo por meio de ações judiciais devidamente fundamentadas e documentadas,[32] sempre respeitando o princípio da igualdade entre os ex-cônjuges e visando ao melhor interesse dos filhos.

---

[31] Lei n. 6.015/1973, art. 167, II, 14.

[32] Código Civil, 2002, art. 1.699: "Se, fixados os alimentos, sobrevier mudança na situação financeira de quem os supre, ou na de quem os recebe, poderá o interessado reclamar ao juiz, conforme as circunstâncias, exoneração, redução ou majoração do encargo".

Se não houver acordo quanto aos desdobramentos da dissolução do casamento, o divórcio será decretado sem necessidade de justificativa por nenhuma das partes, mas os demais assuntos dependerão de medidas judiciais para serem definidos. Há quem entenda pela cumulação de pedidos em uma mesma demanda contenciosa judicial, contudo, há de se observar os ritos, se existe identidade das partes, etc.

DO DIVÓRCIO CONTENCIOSO JUDICIAL

Não havendo consenso entre os cônjuges quanto ao fim do casamento, a saída é a via contenciosa judicial para se alcançar o divórcio.

Muitas vezes, essa via poderá ser litigiosa no que diz respeito aos pedidos decorrentes do divórcio em ações próprias, como de alimentos, fixação de guarda, estabelecimento de regime de convivência paterna ou materna, partilha de bens, reparação civil, etc. Entretanto, quanto ao divórcio em si, não há o que se falar em litigiosidade, pois ele é um direito potestativo – ou seja, que não admite contestação – e será decretado.

Como explanado anteriormente, não há necessidade de justificativas para se requerer o divórcio e, por isso mesmo, tal pedido não admite oposições. Contudo, caso haja algum tipo de oposição – por exemplo, caso seja necessário o reconhecimento de união estável em período anterior ao casamento –, isso pode ser feito por meio de reconvenção.[33]

Diferentemente do que ocorria no passado, não há necessidade de se alegar culpa nem descumprimento de deveres, pois esses assuntos não serão apreciados pelo juízo, salvo nos casos de responsabilidade civil, em ações próprias devidamente comprovadas que, apesar de não conseguirem impedir o decreto do divórcio, possibilitam a apuração de danos a serem eventualmente reparados.

Atualmente, é possível que os cônjuges obtenham o divórcio em medida liminar, caso seja aforada e admitida a ação com cumulação de pedidos.

Tanto para o divórcio consensual como para o contencioso, a competência[34] que regerá o processo será do foro do

---

[33] Código de Processo Civil, 2015, art. 343: "Na contestação, é lícito ao réu propor reconvenção para manifestar pretensão própria, conexa com a ação principal ou com o fundamento da defesa".

[34] Código de Processo Civil, 2015, art. 53: "É competente o foro: I – para a ação de divórcio, separação, anulação de casamento e reconhecimento ou dissolução de união estável: a) de domicílio do guardião de filho incapaz; b) do último domicílio do casal, caso não haja filho incapaz; c) de domicílio do réu, se nenhuma das partes residir no antigo domicílio do casal; (...)".

domicílio do guardião do filho incapaz, do último domicílio do casal ou, então, do domicílio do réu.

Se preencherem os requisitos legais, os cônjuges podem fazer um acordo na própria ação judicial, pedindo a homologação de seus termos ou a suspensão do processo em trâmite (ou, até mesmo, sua extinção), para que realizem o procedimento extrajudicialmente.[35]

Portanto, em vista do exposto, constata-se que, seja por consenso ou pelo manejo de ação judicial, o divórcio é incontestável e depende única e exclusivamente da vontade de uma das partes. Não há necessidade de se aguardar qualquer lapso temporal nem apresentar justificativa. A espera por determinado tempo ficou no passado, assim como a discussão sobre culpa tornou-se quase irrelevante, como será visto adiante.

---

[35] Resolução CNJ n. 35/2007, art. 2º: "É facultada aos interessados a opção pela via judicial ou extrajudicial; podendo ser solicitada, a qualquer momento, a suspensão, pelo prazo de 30 dias, ou a desistência da via judicial, para promoção da via extrajudicial".

CAPÍTULO IV
DA RELEVÂNCIA DA CULPA E DO TEMPO PARA O DIVÓRCIO

Era um absurdo e evidente desrespeito ao princípio da liberdade e da autonomia da vontade o fato de o Estado forçar a manutenção do *status* de casado e obstaculizar a obtenção do divórcio, determinando prazos e discussões acerca da culpa pelo término da relação.

Embora tivessem, em tese, o objetivo de aguardar uma eventual reconciliação e, de fato, responsabilizar um dos cônjuges (ou ambos) pelos problemas que levaram à tentativa de dissolução do matrimônio, tais determinações não passavam de verdadeiros entraves para que o casamento fosse mantido. Todavia, há quem não pense assim até hoje.

DA CULPA PELO FIM DO CASAMENTO

A culpa, no conceito psicanalítico, é um sentimento essencial para estabelecer limites aos impulsos instintivos e possibilitar o convívio em sociedade.[1]

No Direito, especialmente na área cível, a definição de culpa difere um pouco do conceito psicanalítico. Segundo Rodrigo da Cunha Pereira, a culpa "tem um conceito amplo e abarca tanto a ideia de dolo como a fórmula clássica da culpa no sentido estrito (negligência, imprudência e imperícia)", e sua análise "tem grande relevância no âmbito de aplicação da responsabilidade civil".[2]

Nesse passo, o retromencionado doutrinador ensina que "no Direito de Família, a culpa ganhou relevo para indicar um dos cônjuges como o culpado pelo fim do casamento, que perdia o direito à guarda do filho e à pensão alimentícia".

Para Regina Beatriz Tavares da Silva, "a culpa é a inobservância consciente de norma de conduta, com resultado danoso a outrem, objetivado pelo agente – dolo – ou não desejado por ele, mas previsível – culpa em sentido estrito".[3]

Até pouco tempo atrás, a culpa tinha um grande papel nas separações e nos divórcios, tratando-se de legislação, da sociedade

---

[1] KLEIN e RIVIERI *apud* SILVA, 2012. p.39.
[2] PEREIRA, 2015. p.195-6.
[3] SILVA, 2012. p.41.

e em termos processuais. Todavia, é importante frisar que, para alguns doutrinadores de renome (como Regina Beatriz Tavares da Silva, Maria Helena Diniz e Yussef Said Cahali), a culpa não foi eliminada das relações de família nem das rupturas dos casamentos, tendo ainda um relevante papel nos términos das relações. Entretanto, com o devido respeito às opiniões contrárias, sabe-se que, na prática, já não faz sentido tentar encontrar um culpado pelo divórcio.

Vale ressaltar que, à época do desquite (e até mesmo após a mudança para a separação e a possibilidade de divórcio), havia um considerável estigma oriundo da culpa de quem pretendesse acabar com a relação conjugal e se separar. Não é difícil colher relatos de pessoas mais velhas que se recordam de como era, nas décadas de 1970 e 1980, na sociedade brasileira, a visão sobre as pessoas que se desquitavam/separavam ou se divorciavam, sobretudo em relação à mulher, que sentia fortíssimo preconceito. Contudo, essa percepção foi sendo atenuada ao longo dos anos e, atualmente, tem melhor aceitação em nossa sociedade.

Vale lembrar que, no Código Civil de 2002, atualmente vigente, ainda vigora, embora em fase de quase desuso, a classificação das separações judiciais (dentre elas, a culposa) e suas consequências, como será visto a seguir.

A separação classificada como ruptura é a fundada no mútuo consentimento[4] para o rompimento da vida em comum por um ano consecutivo[5] ou na impossibilidade da vida em comum,[6] não possuindo nenhum efeito punitivo ou protetivo diante de sua própria natureza.

Outra classificação é a "separação-remédio", aquela separação embasada em grave doença mental do cônjuge, descoberta após o casamento, de cura improvável e com duração superior a dois anos.[7] Nesses casos, ocorre a proteção do enfermo portador de doença mental no que tange ao patrimônio, com conservação

---

[4] Abordam da mesma forma a questão do consenso a Lei n. 11.441/2007: "(...) possibilitando a realização de inventário, partilha, separação consensual e divórcio consensual por via administrativa"; e o Código Civil, 2002, art. 1.574: "Dar-se-á a separação judicial por mútuo consentimento dos cônjuges se forem casados por mais de um ano e o manifestarem perante o juiz, sendo por ele devidamente homologada a convenção".

[5] Código Civil, 2002, art. 1.572: "§1º – A separação judicial pode também ser pedida se um dos cônjuges provar ruptura da vida em comum há mais de um ano e a impossibilidade de sua reconstituição".

[6] Código Civil, 2002, art. 1.573: "Parágrafo único: O juiz poderá considerar outros fatos que tornem evidente a impossibilidade da vida em comum".

[7] Código Civil, 2002, art. 1.572: "§2º – O cônjuge pode ainda pedir a separação judicial quando o outro estiver acometido de doença mental grave, manifestada após o casamento, que torne impossível a continuação

dos bens que ele levou ao casamento, além da meação, dependendo do regime de bens adotado. Nesse tipo de separação, quando vigente a Lei do Divórcio, a mulher que tivesse a iniciativa de dar fim ao laço matrimonial perdia o nome de casada.

A separação culposa, como o próprio nome diz, leva em conta a culpa de um (ou ambos) os cônjuges. É fundamentada no descumprimento dos deveres do casamento, tornando a vida em comum insuportável.[8] Nesse tipo de separação, ocorre a perda do direito à pensão plena pelo cônjuge culpado (os alimentos mínimos são mantidos, caso haja inaptidão ao trabalho ou ausência de parentes que lhe prestem auxílio) e a possibilidade de perda do sobrenome,[9] observadas as exigências legais.

---

da vida em comum, desde que, após uma duração de dois anos, a enfermidade tenha sido reconhecida de cura improvável".

[8] Código Civil, 2002, art. 1.572, *caput* c/c art. 1.573, I a VI, e art. 1.566, I a V.

[9] Código Civil, 2002, art. 1.578: "O cônjuge declarado culpado na ação de separação judicial perde o direito de usar o sobrenome do outro, desde que expressamente requerido pelo cônjuge inocente e se a alteração não acarretar: I – evidente prejuízo para a sua identificação; II – manifesta distinção entre o seu nome de família e o dos filhos havidos da união dissolvida; III – dano grave reconhecido na decisão judicial. §1º – O cônjuge inocente na ação de separação judicial poderá renunciar, a qualquer momento, ao direito de usar o sobrenome do outro. §2º – Nos demais casos caberá a opção pela conservação do nome de casado".

A discussão sobre a culpa também existia nas ações de divórcio direto, mas somente para efeitos de perda de direito a alimentos ou da conservação do sobrenome do ex-cônjuge, e não para a decretação do divórcio em si.[10]

Além disso, na antiga Lei do Divórcio, a culpa pelo fim do relacionamento tinha mais uma consequência: a possibilidade da perda da guarda dos filhos pelo cônjuge culpado. O artigo 10 dispunha que "os filhos menores ficarão com o cônjuge que a ela não houver dado causa". Tal regra, entretanto, é inócua, pois não há razão para se avaliar a culpa dos genitores pela separação ou divórcio quando se trata do bem-estar e melhor interesse do incapaz.

Cônjuges podem ser tornar ex-cônjuges e seguir suas vidas separadamente e de forma independente, porém, se do casamento sobrevierem filhos, inevitavelmente terão um elo e serão pais para sempre.

Com a separação e o divórcio, a relação entre cônjuges passa a ser entre ex-cônjuges, mas as relações como genitores serão sempre as mesmas. A culpa pelo fim do casamento não pode gerar efeito sobre a relação entre pais e filhos.

Assim, a guarda deve ser estabelecida sempre em favor do melhor interesse dos filhos e, desde 2014,[11] encontrando-se

---

[10] GONÇALVES, 2010. p.208.
[11] Lei n. 13.058/2014.

ambos os genitores aptos a exercer o poder familiar, é favorecida a aplicação da guarda compartilhada.

No tocante aos alimentos de ex-cônjuge, segundo grandes doutrinadores, como Rodrigo da Cunha Pereira e Maria Berenice Dias, não há necessidade de apuração de culpa no divórcio para que a pensão seja determinada.

Para caracterizar a obrigação alimentar, é imperativa a observação do conhecido binômio necessidade do alimentando/ possibilidade do alimentante, bem como da questão da indignidade do credor para com o devedor.[12] Por exemplo, é preciso levar em consideração a questão acerca da dignidade de uma mulher que, por ter sido sempre a provedora do lar, se vê obrigada a continuar sustentando o agora ex-marido, mesmo que tenha sido traída ou violentada por ele.

Como visto, havia a prática legal no sentido de se imputar a causa e o culpado para o fim do casamento. Não obstante, em 2002, antes de o Código Civil entrar em vigor, o Superior Tribunal de Justiça (STJ),[13] por meio do voto do ministro relator Ruy Rosado de Aguiar, manifestou entendimento diverso do que era o usual

---

[12] Código Civil, 2002, art. 1.708: "Com o casamento, a união estável ou o concubinato do credor, cessa o dever de prestar alimentos. Parágrafo único: Com relação ao credor cessa, também, o direito a alimentos, se tiver procedimento indigno em relação ao devedor".

[13] STJ, REsp. n. 467.184, 2003.

à época, decretando a separação sem imputação da causa a qualquer das partes, levando em conta, simplesmente, a insuportabilidade da vida em comum e o desejo de ambos de se separarem.

A esse respeito, Pablo Stolze Gagliano e Rodolfo Pamplona Filho[14] afirmaram que:

> Os ministros decretaram a separação do casal, desconsiderando a exigência legal no sentido de se imputar causa para o fim da sociedade conjugal (violação de dever conjugal ou cometimento de conduta desonrosa), atendo-se, simplesmente, ao desamor para o fim de dissolver a sociedade conjugal.

Essa decisão foi extremamente inovadora, pois enxergou que a procura de um culpado pelo término do casamento só arrastaria ainda mais as discussões e tornaria cada vez maiores o desgaste e a mágoa entre as partes.

Na realidade, os ministros entenderam que a relação termina de fato antes mesmo do pedido de divórcio, mas que a Justiça adiava o inevitável. Com isso, o STJ demonstrou, muito antes da Emenda Constitucional n. 66/2010, que a relevância da culpa já estava com os dias contados para fins de divórcio.

As brigas de um casal não são de interesse público e não cabe ao Estado intervir na intimidade de um matrimônio para a apuração de culpados. Ambos os cônjuges têm suas responsabilidades

---

[14] GAGLIANO e PAMPLONA FILHO, 2017. p.542.

na manutenção do casamento. Se, infelizmente, a relação chegou ao fim, arrastar o sofrimento no Poder Judiciário é apenas uma forma de alimentar ainda mais a mágoa pelo término.

O fim de um casamento não significa que tenha dado errado ou que os cônjuges (ou um deles) sejam culpados. O amor também acaba, e isso pode ser notado de diversas formas.

Não há culpa a ser apurada, mas, sim, responsabilidade sobre determinadas situações, como será visto oportunamente.

DO LAPSO TEMPORAL DA SEPARAÇÃO PARA O DIVÓRCIO

Como visto anteriormente, a emblemática Emenda Constitucional n. 9/1977 instituiu o divórcio no Brasil na década de 1970, possibilitando a conversão da separação judicial em divórcio, desde que passados mais de três anos, e o divórcio direto para os casos de separação que, de fato, duram mais de cinco anos.

Assim como essa emenda, a redação original do artigo 226 da Constituição Federal de 1988 (refletido no Código Civil, artigo 1.580)[15] também trazia o transcurso do tempo como requisito

---

[15] Código Civil, 2002, art. 1.580: "Decorrido um ano do trânsito em julgado da sentença que houver decretado a separação judicial, ou da decisão concessiva da medida cautelar de separação de corpos, qualquer das partes poderá requerer sua conversão em divórcio. §1º – A conversão em divórcio da separação judicial dos cônjuges será decretada por sen-

para obtenção do divórcio, mas já de forma diferenciada, pois tentava atender aos anseios da sociedade que passava por processo de mudança de conceitos e valores.

A Constituição Federal de 1988 estabeleceu que o casamento civil poderia ser dissolvido pelo divórcio após prévia separação judicial de um ano (a contar do trânsito em julgado da sentença), nos casos expressos em lei, ou se comprovada a separação de fato por mais de dois anos.

O tempo era um requisito muito importante que deveria ser cumprido, pois entendiam que, nesses casos, exercia força modificativa.

O lapso temporal exigido constitucionalmente tinha uma razão. Nos dizeres de Edgard de Moura Bittencourt, "a conciliação ou acordo que o juiz, por determinação expressa de lei, deve tentar obter dos cônjuges, nas ações de separação e de alimentos, não é formalidade de rotina, mas importante ato liminar do processo". Os juízes deveriam empregar esforços para "salvar um lar", persuadindo as partes pelo "sentimento" e pela "razão", auxiliando-as, "na medida de sua autoridade, para a

---

tença, da qual não constará referência à causa que a determinou. §2º – O divórcio poderá ser requerido, por um ou por ambos os cônjuges, no caso de comprovada separação de fato por mais de dois anos".

remoção dos obstáculos que o meio e as circunstâncias" impuseram à harmonia, em tese, desejada pelo casal.[16]

Em teoria, esse período de separação servia como um tempo para a reconciliação, antes que as partes decidissem pelo divórcio, rompendo completamente o vínculo criado pelo casamento. Entretanto, eram raríssimas as vezes que havia a retomada do casamento.

A exigência do lapso temporal de separação para a obtenção do divórcio viabilizava que ainda fosse chamado de divórcio indireto, pois tinha como procedimento antecedente a separação, que depois seria convertida em divórcio. A conversão em divórcio era condicionada apenas ao tempo, e não às causas ou às consequências da separação.

Nesse contexto, os cônjuges que não mais queriam viver em matrimônio estavam atrelados a prazos para terem o vínculo do casamento rompido por completo (muitas vezes, já vivendo outras relações) e, só então, poderem se casar novamente.

Com isso, muitas relações surgiram à margem da lei, possibilitando que a sociedade reivindicasse, no tocante ao divórcio, pela eliminação dos requisitos temporais e pela facilitação de sua obtenção, o que foi concretizado com a Emenda Constitucional n. 66/2010, como visto anteriormente.

---

[16] BITTENCOURT, 1987. p.71.

Diante do inevitável sofrimento pelo fim do casamento, percebeu-se que prolongá-lo ainda mais, fosse pela discussão da culpa na separação judicial ou pelo tempo exigido, não fazia sentido. Afinal, não estava sendo respeitando o princípio da liberdade, da autonomia da vontade e da dignidade humana, obrigando os sujeitos envolvidos a passarem por essas etapas por força de lei.

DA DESVALORIZAÇÃO DA CULPA E DO TEMPO PARA O DIVÓRCIO

Quando de sua instituição, o divórcio era medida excepcional, pois, apesar de ter sido muito clamado por parte da sociedade, sua aplicação ainda não era muito bem aceita.

Antes da Constituição Federal de 1988, havia o "divórcio sem culpa", aquele em que ambos os cônjuges, sem falta que um atribuísse ao outro, desejavam o divórcio e poderiam obtê-lo por simples vontade bilateral. Era o chamado divórcio amigável.[17] No entanto, mesmo sem qualquer discussão e havendo consenso, as partes precisavam respeitar o tempo. Ou seja, nem por acordo de ambas as partes o divórcio era direto.

Após a Constituição de 1988, o divórcio passou a dissolver o casamento respeitadas as etapas de separação judicial ou de

---

[17] BITTENCOURT, 1987. p.69.

fato, discutindo-se ou não a culpa e respeitando-se o transcurso do tempo. Entretanto, nada justificava o divórcio ser dificultado.

A duplicidade de caminhos (separação e divórcio) acarretavam, além de tudo, mais despesas aos cônjuges, pois tinham de arcar com os custos dos honorários advocatícios e custas judiciais nas duas etapas.

Felizmente, percebeu-se que essas etapas eram obstáculos que prolongavam e, sobretudo, superdimensionavam o sofrimento que já assolava as partes que viviam o término de uma relação, acorrentando-as a sentimentos de frustração, tristeza, raiva, decepção, etc.

Atualmente, com a eliminação dos prazos e com a opção pela discussão ou não da culpa (e também pela possibilidade de discussão de situações na esfera da responsabilidade civil), não é preciso mais esperar para realizar o divórcio.

Isso significa que, desde 2010, o divórcio está definitivamente liberado e pode ser requerido a qualquer tempo, até mesmo imediatamente após o casamento, se for o caso, sem que haja necessidade de se explanar motivo pelo qual se pretende dar término ao vínculo matrimonial que o próprio Estado constituiu no ato solene da celebração.[18]

---

[18] CAHALI, 2011. p.70.

Corroborando a ideia, Rodrigo da Cunha Pereira[19] afirma que:

> Discutir culpa é ficar na raseira, apequenar a alma. Por isto foi importante substituir o discurso da culpa, tão paralisante e infantilizante do sujeito, pelo discurso da responsabilidade, que é onde se torna possível construir as identidades, subjetividades e autonomia.

Ainda segundo o retrocitado doutrinador,

> Os verdadeiros motivos do fim de um casamento muitas vezes nem mesmo os sujeitos daquela relação o sabem. Outras vezes, não há um motivo, simplesmente o amor acaba. O fim do instituto da separação judicial significa a substituição do discurso da culpa pelo da responsabilidade e a reafirmação do Estado laico.[20]

Dessa forma, será tratada, a seguir, a responsabilidade civil no casamento e no divórcio.

---

[19] PEREIRA, 2015. p.198.
[20] PEREIRA, 2015. p.638.

DA REPARAÇÃO DE DANOS MORAIS E MATERIAIS NO CASAMENTO E NO DIVÓRCIO

O fato de não haver mais a necessidade de se discutir culpa para a obtenção da separação e do divórcio não impede que os cônjuges se utilizem dela ao fim do casamento, visando à indenização.

Da violação de direito ou da lesão, decorrendo então ato ilícito, cabe reparação se presentes os três elementos ensejadores – dano, ilicitude e nexo causal –,[21] o que se aplica a todas as relações de natureza civil, inclusive na área de família.

A Constituição Federal de 1988 assegura a responsabilização do dano material, moral e da imagem por violação dos direitos da personalidade (aqueles irrenunciáveis e intransmissíveis, como uso de seu corpo, nome, imagem ou qualquer outro aspecto que refira à sua identidade), mesmo sem os enumerar completamente.

Maria Helena Diniz *apud* Regina Santos ensina que, para que ocorra dano, é necessária a "diminuição ou destruição de um bem jurídico, patrimonial ou moral pertencente a uma pessoa".[22]

---

[21] Código Civil, 2002, art. 186: "Aquele que, por ação ou omissão voluntária, negligência ou imprudência, violar direito e causar dano a outrem, ainda que exclusivamente moral, comete ato ilícito".

[22] SANTOS, 1999.

Na seara do direito de família, a maioria das violações atinge a pessoa e o direito de personalidade, mas também podem existir danos materiais, que somente serão reparados se devidamente justificados e comprovados e não se confundirem com a partilha de bens.

Quanto ao dano material, pode-se citar, como exemplo, aquele que fere a administração do patrimônio comum, como acontece na ocultação de bens comuns no processo de partilha[23] e nos extravios e dissipações de bens que pertencem a um dos cônjuges pelo outro,[24] podendo gerar perdas e danos que devem ser apurados e indenizados.

Quanto ao dano moral, pode-se dizer que, na verdade, é uma lesão à dignidade humana.

Embora seja compreensível que a ofensa à honra gere dano moral, o dano moral decorrente do casamento e do divórcio não é tão simples de ser apurado, pois há necessidade de distinguir sofrimento e ato ilícito, analisando todas as condutas envolvidas e observando os resultados para se verificar se o dano moral é fruto da própria ruptura ou se é lesão indenizável.

---

[23] TJSP, 2017*a*.

[24] TJSP, 2017*b*.

Como bem pondera Maria Berenice Dias, "ninguém pode ser culpado por deixar de amar".[25] E, citando Rodrigo da Cunha Pereira, Dias complementa:

> O amor é uma via de mão dupla na qual os dois sujeitos da relação são responsáveis pelos seus atos e suas escolhas. (...) Descabido impor obrigação de caráter indenizatório pelo fim do afeto, até porque o desenlace do casamento é, muitas vezes, o melhor caminho para a felicidade.[ver N.R.25]

Assim, os danos decorrentes da violação dos deveres do casamento, nas lições de Regina Beatriz Tavares da Silva,[26] fazem surgir o direito do lesado à reparação, em razão do preenchimento dos pressupostos da responsabilidade civil.

Desse modo, como em qualquer contrato, o rompimento de uma obrigação pode gerar o dever de indenização. No casamento, embora seja um laço constituído pelo afeto, não é diferente, se procedidas as devidas apurações.

Para melhor compreensão do tema, a seguir serão citadas algumas situações passíveis de indenização.

A violação do dever de fidelidade, na ocorrência da traição por um dos cônjuges, não enseja, por si, dano moral indenizável.

---

[25] DIAS, 2016. p.95-6.
[26] SILVA, 2012. p.78.

Como diz a própria jurisprudência, há de serem verificadas as consequências e se houve prejuízo efetivo, e não apenas mágoa, tristeza e rancor, pois, afinal de contas, a infidelidade é um fato da vida,[27] consequência da deslealdade, mas um cônjuge não pode ser penalizado pelo simples fato de se interessar por outra pessoa.

Entretanto, a infidelidade pode ser indenizável nos casos de vexame e humilhação, pois a exposição pública da traição degrada a honra e deixa marcas profundas na pessoa traída. No entanto, é óbvio que tal dano resultante do desrespeito entre cônjuges prescinde de comprovação real, compreensível para qualquer pessoa.

Mais grave ainda e, sem dúvida, também indenizável é o caso de adultério que culmina em contaminação por doenças venéreas, adquiridas pelo cônjuge adúltero nas relações extraconjugais e transmitidas ao cônjuge traído. Daí decorre dano tanto em razão das dores psíquicas quanto da violação de sua integridade física.

Assim, por mais que configure conduta socialmente reprovável, o adultério enseja danos morais apenas se dele decorrerem situações que configurem ato ilícito.[28]

---

[27] TJRS, 2012.

[28] TJSP, 2016.

O mesmo ocorre com a infração ao dever de respeito e consideração mútuos. O desrespeito puro e simples não acarreta dano moral, porém, se houver uma situação grave que ultrapasse meros desentendimentos e simples dissabor – como reiteradas agressões,[29] sejam elas físicas ou verbais (com reflexos na esfera criminal, inclusive) – ou transgressão do dever de respeito entre cônjuges ou ex-cônjuges – com a omissão, por exemplo, da verdadeira paternidade biológica de um filho –, configuram-se, além de atos atentatórios à dignidade da pessoa humana, danos passíveis de reparação.[30]

Ainda que existam decisões a respeito da responsabilidade civil no casamento e seu fim, como foram aqui exemplificadas, a reparação do dano moral emerge da própria ofensa. Há muito comedimento na constatação da lesão e na aplicação dos valores das indenizações, talvez como forma de não contribuir para a desagregação familiar.

Além de muito zelo nas decisões, constata-se a exigência do preenchimento de requisitos legais, bem como da demonstração e comprovação da profundidade da dor e do sofrimento causados (o que pode ser traduzido, por exemplo, na repercussão e consequências dos fatos), posto que não basta justificar o dano como mera violação dos deveres do casamento.

---

[29] TJSP, 2017c.

[30] STJ, REsp. 742.137/RJ, 2007.

No Brasil, não existem critérios nem parâmetros para as reparações dos danos nos casos de família, não sendo cabível a aplicação de um mesmo valor para casos idênticos sem que seja possível constatar, concretamente, as mesmas circunstâncias que geraram os danos. É por isso que os julgadores agem com tanta cautela acerca de tais questões, de modo a não as banalizar nem as tornar corriqueiras, estimulando o enriquecimento sem causa efetiva.

O fim de uma relação é, na maioria das vezes, um processo doloroso, seja por uma ou ambas as partes. Portanto, se a dor pelo término fosse sempre reparável, não haveria Poder Judiciário suficiente para amenizar tais sofrimentos.

Uma verdade é certa: as pessoas jamais se casam pensando no divórcio, e é por isso que, quando ele acontece, é um processo tão doloroso.

No entanto, ao mesmo tempo em que o divórcio é sofrido, ele é também libertador, ainda mais se considerada a dinâmica atual para sua obtenção, que é célere e sem discussão (para a decretação da dissolução do casamento em si) ou espera, possibilitando mais facilmente a chance de um recomeço na vida.

CAPÍTULO V
DO DIREITO AO DIVÓRCIO

O divórcio é um direito potestativo que, para ser obtido, exige apenas a vontade de um dos cônjuges.

Como visto anteriormente, os entraves estatais para a dissolução do casamento foram totalmente retirados pela Emenda Constitucional n. 66/2010, o que nunca significou um incentivo ao divórcio, mas, sim, o reconhecimento do divórcio como um direito.

Nas palavras de Maria Berenice Dias,[1] é
> descabido alegar que se estaria fragilizando a família e banalizando o casamento. Certamente ninguém acredita que

---

[1] DIAS, 2016.

uma pessoa vai casar simplesmente porque ficou mais fácil se separar. Ora, quem está feliz não irá se divorciar somente porque agora o procedimento é mais rápido. Ao contrário, vai acontecer o aumento de número de casamentos, o que era obstaculizado pelos entraves legais à dissolução dos vínculos anteriores.

Nesse sentido, a título de curiosidade, alguns anos depois da introdução do divórcio no Brasil, precisamente em 1984, por meio de pesquisa realizada pelo IBGE, foram contabilizados 30,8 mil divórcios; em 1994, 94,1 mil divórcios (ou seja, um acréscimo de 205,1% em 10 anos); em 2004, 130,5 mil divórcios.[2]

Outros dados divulgados demonstraram que o número de divórcios no Brasil cresceu 160% entre 2004 e 2014. De acordo com o IBGE,[3] analisando vinte anos de apuração (de 1984 a 2014), o crescimento foi de 1.007%. Na avaliação do instituto, esse aumento de casos de divórcio ao longo do tempo revela "uma gradual mudança de comportamento da sociedade brasileira, que passou a aceitá-lo com maior naturalidade e a acessar os serviços de Justiça de modo a formalizar as dissoluções dos casamentos".

---

[2] BRASIL.GOV.BR, 2015.

[3] IBGE, 2014.

Em contrapartida, em 2016, o IBGE[4] divulgou um aumento de 2,8% no número de casamentos no Brasil em relação ao ano de 2014. Já em relação ao número de divórcios extrajudiciais ou em primeira instância, houve um declínio de 3,6% no ano de 2015 em relação ao ano anterior, ou seja, um total de 328.960, em 2015, contra 341.181, em 2014.

Pelo que se pode verificar, os números apontados indicam que, embora haja oscilações por questões sociais e mudanças de ideais, cada vez mais os casais estão valorizando o amor, o afeto, os projetos pessoais e a felicidade.

Atualmente, as pessoas tendem a não se conformar mais com matrimônios fadados ao fracasso. Em vez disso, optam por ir em busca do seu direito ao divórcio, não se importando tanto por quantos relacionamentos, casamentos e divórcios terão de passar.

DA VALORIZAÇÃO DO AFETO

O modelo de família atual é totalmente diferente do viés patriarcal da época em que o divórcio foi instituído no Brasil, considerando, inclusive, o modo machista pelo qual a mulher era tratada antigamente (o que ainda precisa melhorar, é bom deixar claro) e a pouca importância individual de seus componentes.

---

[4] IBGE, 2015.

Não havia preocupação com cada membro da família, muito menos respeito por sua dignidade, e o afeto não era um valor considerado para efeitos jurídicos.

Ao longo dos anos, diante de tantas transformações na sociedade brasileira e no mundo, muito se discutiu sobre esse assunto no Poder Judiciário, resultando em sua crescente valoração.

Com isso, por mais que alguns religiosos discordem, um fato é notório: para grande parte das pessoas, não é mais tão importante a máxima "até que a morte nos separe", já que é inegável o avanço no conceito de família e a valorização jurídica do afeto nos dias atuais.

Assim, pode-se dizer que a família contemporânea está cada vez mais "despatrimonializada" e centralizada na afetividade, como sugerem Suzana Oliveira Marques e Rodrigo da Cunha Pereira em suas obras.[5,6]

Fazendo uso das palavras de Maria Berenice Dias, pode-se afirmar que "os vínculos afetivos não são singelos contratos regidos pela vontade. São relacionamentos que têm como causa de sua constituição o afeto".[7]

Ou seja, o afeto tornou-se um valor jurídico, pois é um elemento agregador desde o início de uma relação, sendo fundamental

---

[5] PEREIRA, 2015. p.69
[6] MARQUES, 2009. p.27.
[7] DIAS, 2016. p.96.

para o crescimento saudável de um casal e da família como um todo, tão importante quanto o respeito e a consideração mútuos.

DO PRINCÍPIO DA LIBERDADE E DA AUTONOMIA DA VONTADE

Como visto anteriormente, a Emenda Constitucional n. 66/2010 eliminou os requisitos temporais para a obtenção do divórcio, sem, contudo, revogar a separação judicial, que, conforme recentes decisões, inclusive do Superior Tribunal de Justiça (STJ),[8] continua sendo um instrumento hábil para colocar fim ao casamento.

Portanto, para que ocorra o divórcio, basta que um dos cônjuges não tenha mais interesse em permanecer casado. No entanto, aqueles que desejam o fim da relação matrimonial, mas ainda não estão "prontos" ou cuja religião não lhes permite, podem não pretender o divórcio, podendo recorrer, então, ao instituto da separação.

Sim, divórcio e separação coexistem no ordenamento jurídico brasileiro.

Assim, mantendo-se a separação judicial, faculta-se às partes uma futura (utópica, é claro, mas possível) reconciliação, podendo a relação matrimonial ser retomada a qualquer momento.

Como muitos casais já têm certeza da impossibilidade de reconciliação, não sentindo necessidade de passar por prévia

---

[8] O GLOBO, 2013.

separação, não seria justo obstaculizar o divórcio, forçando as pessoas a permanecerem no casamento para a discussão da culpa.

Nesse sentido, Belmiro Pedro Welter *apud* Maria Berenice Dias[9] afirma que "a ninguém é lícito impor a permanência em relacionamento sob a alegação de que sua conduta importa violação à moral do consorte".

Valorizou-se, com isso, a liberdade de escolha, pois não há mais a obrigação do sistema dualista – primeiro a separação, depois o divórcio. Pode-se optar por adotar ambos os caminhos subsequentes, dependendo da vontade das partes, ou o divórcio direto.

Prima-se pela liberdade, pela autonomia privada e pelo poder que cada pessoa tem de reger seus interesses, suas escolhas e suas vontades.

Os cônjuges são livres para decidir se querem se divorciar diretamente ou não, caso entendam que o divórcio não seja a medida a ser tomada, caso não tenham amadurecido por completo a ideia do fim definitivo do casamento ou por outro motivo qualquer.

É assegurado às partes o direito de se manter o vínculo matrimonial, mesmo permanecendo separadas por questões particulares. Ao mesmo tempo, é garantido o direito ao divórcio para que, se assim desejarem, possam construir uma nova

---

[9] DIAS, 2016. p.95.

relação conjugal, com um novo casamento ou uma união estável, recompondo a vida familiar e amorosa.

Com isso, vê-se consagrado o princípio da liberdade, não havendo mais imposição ou restrição, já que é livre o poder de escolha quanto à manutenção ou não do casamento. Consequentemente, são também respeitadas a autonomia da vontade e a dignidade da pessoa humana.

Assim como o princípio da liberdade, o princípio da autonomia da vontade deve ser respeitado, resguardando aos cônjuges a decisão e os motivos pelos quais o casamento chegou ao fim.

À lei cabe somente estabelecer condições ou requisitos necessários para disciplinar os desdobramentos do divórcio, tais como guarda dos filhos, convivência familiar, uso do nome, partilha de bens, alimentos, etc., respeitando, consequentemente, o princípio da dignidade humana.

DO PRINCÍPIO DA DIGNIDADE HUMANA

A dignidade da pessoa humana é um dos fundamentos do Estado Democrático de Direito, conforme previsão constitucional,[10] e está relacionada à ideia de moralidade, ao bem, à conduta correta e à boa vida.[11]

---

[10] Constituição Federal, 1988, art. 1º, inc. III.
[11] PEREIRA, 2015. p.228.

Nas palavras de Wolfgang Ingo Sarlet,[12] dignidade é:

> Qualidade intrínseca e distintiva de cada ser humano que o faz merecedor do mesmo respeito e consideração por parte do Estado e da comunidade, implicando, neste sentido, um complexo de direitos e deveres fundamentais que assegurem a pessoa tanto contra todo e qualquer ato de cunho degradante e desumano, como venham a lhe garantir as condições existenciais mínimas para uma vida saudável, além de propiciar e promover sua participação ativa e corresponsável nos destinos da própria existência e da vida em comunhão com os demais seres humanos.

No dizer de Gustavo Tepedino *apud* Camargo Neto,[13] "é a verdadeira cláusula geral de tutela e promoção da pessoa humana, tomada como valor máximo pelo ordenamento".

Ou seja, é ordem imperativa para que se evite tratar, de forma indigna, toda e qualquer pessoa, principalmente na seara do Direito de Família, que tem a intimidade, a afetividade e a felicidade como seus principais valores, como bem sintetiza Rodrigo da Cunha Pereira.[14]

---

[12] SARLET, 2002. p.24.
[13] CAMARGO NETO, 2011. p.21.
[14] PEREIRA, 2005. p.106.

Com efeito, como afirmado anteriormente, hoje em dia as relações familiares estão mais funcionalizadas em razão da dignidade de cada um de seus membros.

Dessa forma, obrigar uma pessoa a se manter em uma entidade familiar quando não mais existem laços afetivos é uma forma de comprometer sua dignidade e sua própria existência, que estará, inevitavelmente, fadada à infelicidade.

Assim, como reitera Maria Berenice Dias,[15] "o direito de buscar o divórcio está amparado no princípio da dignidade humana". Ademais, no entendimento de Pablo Stolze Gagliano e Rodolfo Pamplona Filho,[16]

> o ordenamento jurídico, numa perspectiva de promoção da dignidade da pessoa humana, garanta meios diretos, eficazes e não burocráticos para que, diante da derrocada emocional do matrimônio, os seus partícipes possam se libertar do vínculo falido, partindo para outros projetos pessoais de felicidade e de vida.

Diante disso, observa-se que, sem afeto, amor, felicidade, intimidade e vontade, não há como se manter um casamento, sendo mais digno às partes a garantia do direito ao divórcio, sem que tenham que passar por uma espera de meses e sem a exposição de culpas ou motivos que os levaram a decidir pelo fim da relação.

---

[15] DIAS, 2016. p.209.
[16] GAGLIANO e PAMPLONA FILHO, 2017. p.543.

CONSIDERAÇÕES FINAIS

Diante do exposto e da pesquisa realizada, constata-se que, no Brasil, até o ano de 1977, o casamento era visto como a base da sociedade e a única forma (ou a forma oficial) de constituição de uma família, não havendo espaço para outros arranjos familiares, os quais existiam, obviamente, à margem da lei.

Nessa época, a mulher era inferiorizada, enquanto o homem era o chefe absoluto da sociedade conjugal.

Os direitos e deveres do casamento não eram igualitários, posto que o papel da mulher, dentro ou fora de casa, era totalmente menosprezado.

Com as transformações sociais ocorridas ao longo do tempo, o século XX foi marcado por várias conquistas femininas, dentre elas o aumento da participação da mulher no mercado de trabalho e, consequentemente, de sua contribuição para os rendimentos da família, melhorando as condições de vida do núcleo familiar.

À época, a influência religiosa era muito forte, razão pela qual o casamento era indissolúvel. Assim, quem se casava permanecia com o vínculo para sempre.

Existia a possibilidade de desquite que, apesar de interromper os deveres conjugais e permitir a separação, não rompia por completo o vínculo matrimonial, ou seja, não permitia aos cônjuges que recomeçassem a vida amorosa em outro casamento.

Ademais, qualquer formação familiar formada a partir de outro tipo de união era, de certa forma, ilegal, pois não havia nada que as regulamentasse.

Havia muito preconceito com as pessoas desquitadas (principalmente em relação às mulheres) por conta da forte influência religiosa, que via o casamento como algo sagrado, cujo vínculo eterno nunca deveria ser rompido.

No final da década de 1970, em meio a polêmicas e com resistência dos conservadores, foi instituído o divórcio no Brasil por meio da Emenda Constituição n. 9/1977, regulamentada pela Lei do Divórcio (Lei n. 6.515/1977), quando o país estava sob o comando do regime ditatorial do general Ernesto Geisel, que, a propósito, não era católico, mas, sim, protestante.

Inicialmente, o divórcio era autorizado uma única vez. Contudo, tal disposição foi revogada anos depois, após a Constituição Federal de 1988, permitindo o divórcio em número ilimitado.

Entretanto, apesar de autorizado, o divórcio era um processo que impunha vários entraves, mesmo porque o objetivo não era facilitá-lo, mas, sim, fazer o casal recuperar e manter o casamento.

Havia necessidade da comprovação do transcurso do tempo (mais de um ano de separação judicial ou dois anos da separação de fato) e da atribuição da causa (ou da culpa) em determinadas situações.

Desde a instituição do divórcio no Brasil, em 1977, ocorreram inúmeras mudanças na legislação e na sociedade, sendo a principal delas o fim da ditadura e o início do regime democrático, no qual foi priorizada a dignidade da pessoa humana. A partir de então, muitas coisas começaram a mudar no país.

A mudança de comportamento da sociedade em geral, com muita influência da entrada da mulher no mercado de trabalho, foi gerando, aos poucos, a conquista do direito à igualdade entre homens e mulheres.

Todavia, apesar de ainda haver muita desigualdade no trato, a situação da mulher melhorou muito, já que ela ganhou mais espaço e reconhecimento. Como consequência, o conceito familiar também foi se alterando.

Com a Constituição Federal de 1988, houve uma revolução no que diz respeito às mudanças da ideia de família e de parentesco.

A família deixou de ser patriarcal para ser fundada no amor e no afeto. Essa visão foi ampliada, consagrando-se a igualdade no tratamento entre os cônjuges e com relação aos filhos, respeitando, sobretudo, a liberdade, a autonomia da vontade e a dignidade da pessoa humana, permitindo que a família passasse a ser centrada, principalmente, na afetividade.

Não mais se admite submeter às pessoas normas que as obriguem a manter um relacionamento indesejado, sem respeitar suas necessidades, seus anseios e sua liberdade de escolha.

A vontade foi assegurada pelo ordenamento jurídico, limitando a até então excessiva intervenção estatal na vida íntima das pessoas.

Em 2007, a praticidade foi alcançada por meio da Lei n. 11.441/2007, que permitiu a implantação de procedimentos administrativos para separação e divórcio junto aos Tabelionatos de Notas, nos casos em que há consenso na partilha e ausência de nascituros e incapazes. Ou seja, foi o começou da desburocratização do divórcio no Brasil.

Após 2010, pelo advento da Emenda Constitucional n. 66/2010 e em virtude da supressão da necessidade de prévia separação (judicial ou extrajudicial) e de prazos de carência como requisitos essenciais, foi facilitada a obtenção do divórcio.

Há quem ainda prefira a separação judicial, que persiste no ordenamento jurídico, mas, sem dúvida, sua prática está cada vez mais rara, já que o divórcio é possível de forma mais célere, econômica, digna e sem tanto desgaste emocional.

Atualmente, o divórcio é muito mais aceito na sociedade, pois, embora seja um rito difícil e doloroso de passagem, não mais significa o fim da família, mas, sim, o início de uma nova fase para todos os envolvidos.

REFERÊNCIAS E BIBLIOGRAFIA

REFERÊNCIAS

ACCIOLY [RODRIGUES DA COSTA] FILHO, Francisco. Conferência sobre divórcio na Faculdade de Direito de Curitiba, 24 de novembro de 1975. Transcrita no Diário do Congresso Nacional, Seção II, de 26/08/1976, p.5.102-7.

BITTENCOURT, Edgard de Moura. Família – Casamento – Divórcio – Concubinato – Filiação – Filhos de criação; adoção comum, simples e plena. 4.ed. São Paulo: Livraria Editora Universitária de Direito Ltda., 1987.

BRASIL.GOV.BR. Em 10 anos, taxa de divórcios cresce mais de 160% no País. Cidadania e Justiça, 30/11/2015. Disponível em: <http://www.brasil.gov.br/cidadania-e-justica/2015/11/

em-10-anos-taxa-de-divorcios-cresce-mais-de-160-no-pais>. Acesso em: 06 mar. 2018.

CAHALI, Francisco José; ROSA, Karin Regina Rick. Escrituras públicas: separação, divórcio, inventário e partilha consensuais. São Paulo: RT, 2007.

CAHALI, Yussef Said. Separações conjugais e divórcio. 12.ed. rev., atual. e ampl. São Paulo: Editora Revista dos Tribunais, 2011.

CAMARGO NETO, Theodureto de Almeida. A responsabilidade civil por dano afetivo. In: SILVA, Regina Beatriz Tavares da; CAMARGO NETO, Theodureto de Almeida. Grandes temas de direito de família e das sucessões. São Paulo: Saraiva, 2011. p.21.

CANCIAN, Renato. Ditadura militar (1964-1985): breve história do regime militar. Uol Educação, Pedagogia & Comunicação, 15/02/2008. Disponível em: <https://educacao.uol.com.br/disciplinas/historia-brasil/ditadura-militar-1964-1985-breve-historia-do-regime-militar.htm>. Acesso em: 06 mar. 2018.

CASSETTARI, Christiano. Separação, divórcio e inventário por escritura pública: teoria e prática. 5.ed. Rio de Janeiro: Forense; São Paulo: Método, 2012.

COULANGES, Numa Denis Fustel de. A cidade antiga. Trad. Jonas Camargo Leite e Eduardo Fonseca. São Paulo: Hemus, 1975.

DIAS, Maria Berenice. Manual de direito das famílias. 11.ed. São Paulo: Editora Revista dos Tribunais, 2016.

DINIZ, Maria Helena. Curso de direito civil brasileiro: direito de família. 27.ed. v.5. São Paulo: Saraiva, 2012.

FERREIRA, Aurélio Buarque de Holanda. Dicionário Aurélio de Português Online. Disponível em: https://dicionariodoaurelio.com/. Acesso em: 21 mar. 2018.

FRANÇA, Rubens Limongi. Enciclopédia Saraiva do Direito. v.29. São Paulo: Saraiva, 1977.

GAGLIANO, Pablo Stolze; PAMPLONA FILHO, Rodolfo. Novo curso de direito civil: direito de família. 7.ed. v.6. São Paulo: Saraiva, 2017.

GONÇALVES, Carlos Roberto. Direito civil brasileiro: direito de família. 7.ed. v.6. São Paulo: Saraiva, 2010.

GRISARD FILHO, Waldyr. Divórcio *express*: uma mudança de vanguarda. Instituto Brasileiro de Direito de Família (IBDFAM), 08/07/2010. Disponível em: <https://ibdfam.jusbrasil.com.br/noticias/2273673/divorcio-express-uma-mudanca-de-vanguarda>. Acesso em: 02 set. 2017.

INSTITUTO BRASILEIRO DE DIREITO DE FAMÍLIA (IBDFAM); JUSBRASIL. PEC do divórcio é aprovada em primeiro turno no Senado. Jusbrasil, 03/12/2009. Disponível em: <https://ibdfam.jusbrasil.com.br/noticias/2024701/pec-do-divorcio-e-aprovada-em-primeiro-turno-no-senado>. Acesso em: 06 mar. 2018.

INSTITUTO BRASILEIRO DE GEOGRAFIA E ESTATÍSTICA (IBGE). Em 2007, para cada quatro casamentos foi registrada uma separação. IBGE, Notícias, Comunicação Social, 04/12/2008. Disponível em: <https://censo2010.ibge.gov.br/noticias-censo.html?view=noticia&id=1&idnoticia=1278

&busca=1&t=2007-cada-quatro-casamentos-foi-registrada-uma-separacao> Acesso em: 06 mar. 2018.

INSTITUTO BRASILEIRO DE GEOGRAFIA E ESTATÍSTICA (IBGE). Estatísticas do registro civil 2014. Disponível em: <http://biblioteca.ibge.gov.br/visualizacao/periodicos/135/rc_2014_v41.pdf>. Acesso em: 02 set. 2017.

INSTITUTO BRASILEIRO DE GEOGRAFIA E ESTATÍSTICA (IBGE). Estatísticas do registro civil 2015. Disponível em: <http://biblioteca.ibge.gov.br/visualizacao/periodicos/135/rc_2015_v42.pdf>. Acesso em: 12 set. 2017.

JUNQUEIRA, Gabriel José Pereira; CARVALHO, Luís Batista Pereira. Regime de bens no casamento e na união estável. 1.ed. Leme/SP: Mundo Jurídico, 2014.

KLEIN, Melanie; RIVIERI, Joan. Amor, ódio e reparação: as emoções básicas do homem do ponto de vista psicanalítico. Trad. Maria Helena Senise. 2.ed. Rio de Janeiro: Imago; São Paulo: Universidade de São Paulo, 1975. p.91.

MARQUES, Suzana Oliveira. Princípios do direito de família e guarda dos filhos. Belo Horizonte: Del Rey, 2009.

MIGALHAS. Senado aprova PEC que permite concessão de divórcio sem necessidade de separação prévia – Até que o casamento nos separe... Migalhas, 08/07/2010. Disponível em: <https://goo.gl/37hna3> [URL encurtado]. Acesso em: 02 set. 2017.

MIRANDA, Pontes de. Tratado de direito de família: direito matrimonial. 3.ed. São Paulo: Max Limonad Editor de Livros de Direito, 1947.

O GLOBO. Divórcio se torna legal no Brasil em 1977, consagrando o senador Nelson Carneiro. O Globo, Fatos históricos, 24/09/2013. Disponível em: <http://acervo.oglobo.globo.com/fatos-historicos/divorcio-se-torna-legal-no-brasil-em-1977-consagrando-senador-nelson-carneiro-10131249>. Acesso em: 06 mar. 2018.

ORGANIZAÇÃO DAS NAÇÕES UNIDAS (ONU). Assembleia Geral das Nações Unidas. Comitê de Redação da Declaração Universal dos Direitos Humanos. Declaração Universal dos Direitos Humanos (Resolução n. 217 A III, de 10 de dezembro 1948). Palais de Chaillot, Paris: 1948.

PAINS, Clarrisa. O Globo, 90 anos: a lei que permitiu o divórcio no Brasil e mudou a cara das famílias. O Globo, 13/07/2015. Disponível em: <https://oglobo.globo.com/sociedade/o-globo-90-anos-lei-que-permitiu-divorcio-no-brasil-mudou-cara-das-familias-16733269>. Acesso em: 26 ago. 2017.

PEREIRA, Rodrigo da Cunha. Dicionário de direito de família e sucessões: ilustrado. São Paulo: Saraiva, 2015.

PEREIRA, Rodrigo da Cunha. Princípios norteadores do direito de família. Belo Horizonte: Del Rey, 2005.

SANTOS, Regina Beatriz Tavares da Silva Papa dos. Reparação civil na separação e no divórcio. São Paulo: Saraiva, 1999.

SARLET, Wolfgang Ingo. Dignidade da pessoa humana e direitos fundamentais na Constituição da República de 1988. Porto Alegre: Livraria do Advogado, 2002. p.24.

SILVA, Regina Beatriz Tavares da. Divórcio e separação após a EC n. 66/2010. 2.ed. São Paulo: Saraiva, 2012.

VENOSA, Sílvio de Salvo. Direito civil: direito de família. 3.ed. São Paulo: Atlas, 2003.

VENOSA, Sílvio de Salvo. Direito civil: direito de família. 14.ed. São Paulo: Atlas, 2014.

DOCUMENTOS JURÍDICOS

BRASIL. Câmara dos Deputados. Instituto Brasileiro de Direito de Família (IBDFAM). Proposta de Emenda à Constituição n. 28, de 2009. PEC do Amor/PEC do Divórcio. Iniciativa: Deputado Federal Antonio Carlos Biscaia (PT) e outros. Brasília, DF: 2009.

BRASIL. Código Civil de 1916. Lei n. 3.071, de 1º de janeiro de 1916. Código Civil dos Estados Unidos do Brasil. Brasília, DF: 1916.

BRASIL. Código Civil de 2002. Lei n. 10.406, de 10 de janeiro de 2002. Lei de Introdução às normas do Direito Brasileiro. Institui o Código Civil. Brasília, DF: 2002.

BRASIL. Código de Processo Civil de 1973. Lei n. 5.869, de 11 de janeiro de 1973. Institui o Código de Processo Civil. Brasília, DF: 1973.

BRASIL. Código de Processo Civil de 2015. Lei n. 13.105, de 16 de março de 2015. Código de Processo Civil. Brasília, DF: 2015.

BRASIL. Conselho Nacional de Justiça (CNJ). Resolução n. 35, de 24 de abril 2007. Disciplina a aplicação da Lei n. 11.441/2007 pelos serviços notariais e de registro. Brasília, DF: 2007.

BRASIL. Conselho Nacional de Justiça (CNJ). Resolução n. 110, de 06 de abril de 2010. Institucionaliza, no âmbito do Conselho Nacional de Justiça, o Fórum de Assuntos Fundiários, de caráter nacional e permanente, destinado ao monitoramento dos assuntos pertinentes a essa matéria e a resolução de conflitos oriundos de questões fundiárias, agrárias ou urbanas. Brasília, DF: 2010.

BRASIL. Conselho Nacional de Justiça (CNJ). Resolução n. 175, de 14 de maio de 2013. Dispõe sobre a habilitação, celebração de casamento civil, ou de conversão de união estável em casamento, entre pessoas de mesmo sexo. Brasília, DF: 2013.

BRASIL. Constituição (1824). Constituição Política do Império do Brazil. 25 de março de 1824. Rio de Janeiro: 1824.

BRASIL. Constituição (1891). Constituição da República dos Estados Unidos do Brasil. 24 de fevereiro de 1891. Rio de Janeiro: 1891.

BRASIL. Constituição (1934). Constituição da República dos Estados Unidos do Brasil. 16 de julho de 1934. Brasília, DF: 1934.

BRASIL. Constituição (1937). Constituição Brasileira (Polaca). 10 de novembro de 1937. Rio de Janeiro: 1937.

BRASIL. Constituição (1946). Constituição dos Estados Unidos do Brasil. 18 de setembro de 1946. Brasília, DF: 1946.

BRASIL. Constituição (1967). Constituição do Brasil. 24 de janeiro de 1967. Brasília, DF: 1967.

BRASIL. Constituição (1988). Constituição da República Federativa do Brasil. 05 de outubro de 1988. Brasília, DF: 1988.

BRASIL. Decreto n. 119-A, de 07 de janeiro de 1890. Prohibe a intervenção da autoridade federal e dos Estados federados em materia religiosa, consagra a plena liberdade de cultos, extingue o padroado e estabelece outras providencias. Brasília, DF: 1890.

BRASIL. Decreto n. 181, de 24 de janeiro de 1890. Promulga a lei sobre o casamento civil. Brasília, DF: 1890.

BRASIL. Emenda Constitucional n. 9, de 28 de junho de 1977. Íntegra da Proposta. Documentação. Senado Federal, Brasília. In: Rev Inf Legisl. Brasília, ano 14, n. 55, jul.-set. 1977. Disponível em: <http://www2.senado.leg.br/bdsf/bitstream/handle/id/224160/000393132.pdf?sequence=1>. Acesso em: 30 jul. 2017.

BRASIL. Emenda Constitucional n. 9, de 28 de junho de 1977. Dá nova redação ao §1º do artigo 175 da Constituição Federal. Brasília, DF: 1977.

BRASIL. Emenda Constitucional n. 66, de 13 de julho de 2010. Dá nova redação ao §6º do art. 226 da Constituição Federal, que dispõe sobre a dissolubilidade do casamento civil pelo divórcio, suprimindo o requisito de prévia separação judicial por mais de 1 (um) ano ou de comprovada separação de fato por mais de 2 (dois) anos. Brasília, DF: 2010.

BRASIL. Lei n. 1.110, de 23 de maio de 1950. Regula o reconhecimento dos efeitos civis ao casamento religioso. Brasília, DF: 1950.

BRASIL. Lei n. 13.105, de 16 de março de 2015. Código de Processo Civil. Brasília, DF: 2015.

BRASIL. Lei n. 4.121, de 27 de agosto de 1962. Dispõe sôbre a situação jurídica da mulher casada. Brasília, DF: 1962.

BRASIL. Lei n. 5.869, de 11 de janeiro de 1973. Institui o Código de Processo Civil. Brasília, DF: 1973.

BRASIL. Lei n. 6.015, de 31 de dezembro de 1973. Lei dos Registros Públicos; Lei de Registros Públicos. Dispõe sobre os registros públicos e dá outras providências. Brasília, DF: 1973.

BRASIL. Lei n. 6.515, de 26 de dezembro de 1977. Lei do Divórcio. Regula os casos de dissolução da sociedade conjugal e do casamento, seus efeitos e respectivos processos, e dá outras providências. Brasília, DF: 1977.

BRASIL. Lei n. 7.841, de 17 de outubro de 1989. Revoga o art. 358 da Lei n. 3.071, de 1º de janeiro de 1916 – Código Civil e altera dispositivos da Lei n. 6.515, de 26 de dezembro de 1977. Brasília, DF: 1989.

BRASIL. Lei n. 8.069, de 13 de julho de 1990. Dispõe sobre o Estatuto da Criança e do Adolescente e dá outras providências. Brasília, DF: 1990.

BRASIL. Lei n. 8.408, de 13 de fevereiro de 1992. Dá nova redação aos dispositivos da Lei n. 6.515, de 26 de dezembro de 1977. Brasília, DF: 1977.

BRASIL. Lei n. 8.560, de 29 de dezembro de 1992. Regula a investigação de paternidade dos filhos havidos fora do casamento e dá outras providências. Brasília, DF: 1992.

BRASIL. Lei n. 8.935, de 18 de novembro de 1994. Lei dos Cartórios. Regulamenta o art. 236 da Constituição Federal, dispondo sobre serviços notariais e de registro. Brasília, DF: 1994.

BRASIL. Lei n. 8.971, de 29 de dezembro de 1994. Regula o direito dos companheiros a alimentos e à sucessão. Brasília, DF: 1994.

BRASIL. Lei n. 9.278, de 10 de maio de 1996. Regula o §3º do art. 226 da Constituição Federal. Brasília, DF: 1996.

BRASIL. Lei n. 10.406, de 10 de janeiro de 2002. Lei de Introdução às normas do Direito Brasileiro. Institui o Código Civil. Brasília, DF: 2002.

BRASIL. Lei n. 11.106, de 28 de março de 2005. Altera os arts. 148, 215, 216, 226, 227, 231 e acrescenta o art. 231-A ao Decreto-Lei n. 2.848, de 7 de dezembro de 1940 – Código Penal e dá outras providências. Brasília, DF: 2005.

BRASIL. Lei n. 11.340, de 07 de agosto de 2006. Lei Maria da Penha. Cria mecanismos para coibir a violência doméstica e familiar contra a mulher, nos termos do §8º do art. 226 da Constituição Federal, da Convenção sobre a Eliminação de Todas as Formas de Discriminação contra as Mulheres e da

Convenção Interamericana para Prevenir, Punir e Erradicar a Violência contra a Mulher; dispõe sobre a criação dos Juizados de Violência Doméstica e Familiar contra a Mulher; altera o Código de Processo Penal, o Código Penal e a Lei de Execução Penal; e dá outras providências. Brasília, DF: 2006.

BRASIL. Lei n. 11.441, de 04 de janeiro de 2007. Altera dispositivos da Lei n. 5.869, de 11 de janeiro de 1973 – Código de Processo Civil, possibilitando a realização de inventário, partilha, separação consensual e divórcio consensual por via administrativa. Brasília, DF: 2007.

BRASIL. Lei n. 11.965, de 03 de julho de 2009. Dá nova redação aos arts. 982 e 1.124-A da Lei no 5.869, de 11 de janeiro de 1973, que institui o Código de Processo Civil. Brasília, DF: 2009.

BRASIL. Lei n. 12.424, de 16 de junho de 2011. Altera a Lei no 11.977, de 07 de julho de 2009, que dispõe sobre o Programa Minha Casa, Minha Vida – PMCMV e a regularização fundiária de assentamentos localizados em áreas urbanas, as Leis ns. 10.188, de 12 de fevereiro de 2001, 6.015, de 31 de dezembro de 1973, 6.766, de 19 de dezembro de 1979, 4.591, de 16 de dezembro de 1964, 8.212, de 24 de julho de 1991, e 10.406, de 10 de janeiro de 2002 – Código Civil; revoga dispositivos da Medida Provisória n. 2.197-43, de 24 de agosto de 2001; e dá outras providências. Brasília, DF: 2011.

BRASIL. Lei n. 13.058, de 22 de dezembro de 2014. Altera os arts. 1.583, 1.584, 1.585 e 1.634 da Lei n. 10.406, de 10 de janeiro de 2002 (Código Civil), para estabelecer o significado da expressão "guarda compartilhada" e dispor sobre sua aplicação. Brasília, DF: 2014.

SUPERIOR TRIBUNAL DE JUSTIÇA (STJ). Súmula n. 197. O divórcio direto pode ser concedido sem que haja prévia partilha dos bens. 2ª Seção, em 08/10/1997. DJ, 22/10/1997, p.53.614.

SUPERIOR TRIBUNAL DE JUSTIÇA (STJ). 4ª Turma. Recurso Especial n. 467.184/SP (2002/0106811-7). Relator: Min. Ruy Rosado de Aguiar. Data de julgamento: 05/12/2002. Data de publicação: DJ, 17/02/2003. p.302.

SUPERIOR TRIBUNAL DE JUSTIÇA (STJ). 3ª Turma. Recurso Especial n. 742.137/RJ (2005/0060295-2). Rel. Min. Nancy Andrighi. Data de julgamento: 21/08/2007. Data de publicação: DJ, 29/10/2007. p.218.

SUPERIOR TRIBUNAL DE JUSTIÇA (STJ). Quarta Turma define que separação judicial ainda é opção à disposição dos cônjuges. Notícias do STJ, 22/03/2017*a*. Disponível em: <http://www.stj.jus.br/sites/STJ/default/pt_BR/Comunicação/noticias/Not%C3%ADcias/Quarta-Turma-define-que-separação-judicial-ainda-é-opção-à-disposição-dos-cônjuges>. Acesso em: 06 mar. 2018.

SUPERIOR TRIBUNAL DE JUSTIÇA (STJ). Divórcio e separação coexistem no ordenamento jurídico mesmo após EC 66. Notícias do STJ, 14/09/2017*b*. Disponível em: <http://www.

stj.jus.br/sites/STJ/default/pt_BR/Comunicação/noticias/ Not%C3%ADcias/Divórcio-e-separação-coexistem-no-ordenamento-jur%C3%ADdico-mesmo-após-EC-66>. Acesso em: 06 mar. 2018.

SUPREMO TRIBUNAL FEDERAL (STF). Ação Direta de Inconstitucionalidade (ADI) n. 4.277/DF, 05/05/2011. Relator(a): Min. Ayres Britto.

SUPREMO TRIBUNAL FEDERAL (STF). Arguição de Descumprimento de Preceito Fundamental (ADPF) n. 132/ Rio de Janeiro, 05/05/2011. Relator(a): Min. Ayres Britto.

TRIBUNAL DE JUSTIÇA DO DISTRITO FEDERAL E DOS TERRITÓRIOS (TJDF). Apelação Cível n. 20140710271192. Rel. Alfeu Machado. Data de julgamento: 21/10/2015, 1ª Turma Cível, Data de publicação: publicado no DJE, 09/11/2015. p.201.

TRIBUNAL DE JUSTIÇA DO ESTADO DE SÃO PAULO (TJSP). Corregedoria. Processo GAJ3 – 06/2007 – Capital. Disponível em: <http://www.mundonotarial.org/provimento33.html>. Acesso em: 02 abr. 2018.

TRIBUNAL DE JUSTIÇA DO ESTADO DE SÃO PAULO (TJSP). Apelação n. 1016384-54.2014.8.26.0576. Rel. Des. Galdino Toledo Júnior. Data de julgamento: 26/07/2016, 9ª Câmara de Direito Privado, Data de publicação: 27/07/2016.

TRIBUNAL DE JUSTIÇA DO ESTADO DE SÃO PAULO (TJSP). Apelação Cível (APC) n. 0010335-16.2013.8.26.0037. Rel.

Enio Zuliani. Data de julgamento: 18/05/2017, 4ª Câmara de Direito Privado, Data de publicação: 20/07/2017*a*.

TRIBUNAL DE JUSTIÇA DO ESTADO DE SÃO PAULO (TJSP). Apelação Cível (APL) n. 1011095-55.2015.8.26.0011. Rel. Natan Zelinschi de Arruda. Data de julgamento: 29/06/2017, 4ª Câmara de Direito Privado, Data de publicação: 03/07/2017*b*.

TRIBUNAL DE JUSTIÇA DO ESTADO DE SÃO PAULO (TJSP). Apelação n. 0013367-82.2011.8.26.0624. Rel. Des. Erickson Gavazza Marques. Data de julgamento: 02/08/2017, 4ª Câmara de Direito Privado, Data de publicação: 15/08/2017*c*.

TRIBUNAL DE JUSTIÇA DO RIO GRANDE DO SUL (TJRS). Apelação Cível n. 70049346125. Rel. Des. Sérgio Fernando de Vasconcellos Chaves. Data de julgamento: 25/07/2012, 7ª Câmara Cível, Data de publicação: 30/07/2012.

BIBLIOGRAFIA CONSULTADA

DINIZ, Maria Helena. Curso de direito civil brasileiro. 11.ed. São Paulo: Saraiva, 1996.

MORAES, Maria Celina Bodin. A tutela da personalidade no ordenamento civil-constitucional brasileiro. In: TEPEDINO, Gustavo. Temas de direito civil. 3.ed. Rio de Janeiro: Renovar, 2004.

FERREIRA, Paulo Gaiger. Pactos patrimoniais e atividade notarial. In: SILVA, Regina Beatriz Tavares da; CAMARGO NETO, Theodureto de Almeida. Grandes temas de direito de família e das sucessões. São Paulo: Saraiva, 2011.

MADEIRA FILHO, Ibrahim Fleury de Camargo. Conversão da união estável em casamento. São Paulo: Saraiva, 2014.

RODRIGUES JUNIOR, Otavio Luiz. A doutrina do terceiro cúmplice nas relações matrimoniais. In: SILVA, Regina Beatriz Tavares da; CAMARGO NETO, Theodureto de Almeida. Grandes temas de direito de família e das sucessões. São Paulo: Saraiva, 2011.

RODRIGUES, Silvio. Direito civil: direito de família. 2.ed. v.6. São Paulo: Max Limonad Editor de Livros de Direito, 1965.

STRENGER, Guilherme Gonçalves. Guarda dos filhos. São Paulo: Editora Revista dos Tribunais, 1991.